JN133701

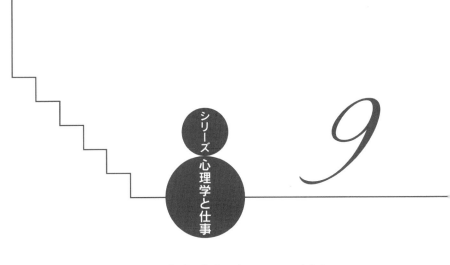

シリーズ 心理学と仕事 9

知能・性格心理学

太田信夫 監修
浮谷秀一 編集

北大路書房

主に活かせる分野／凡例

 医療・保健
 福祉・介護
 教育・健康・スポーツ

 司法・矯正
 産業・労働・製造
 サービス・販売・事務

 IT・エンジニア
 研究・開発・クリエイティブ
 建築・土木・環境

監修のことば

> いきなりクエスチョンですが，心理学では学会という組織は，いくつくらいあると思いますか？
>
> 　　　　　10？　20？　30？　50？
>
> （答 ii ページ右下）

　答を知って驚いた方は多いのではないでしょうか。そうなんです。心理学にはそんなにもたくさんの領域があるのです。心理学以外の他の学問との境界線上にある学会を加えると 100 を超えるのではないかと思います。

　心理学にこのように多くの領域があるということは，心理学は多様性と必要性に富む学問である証です。これは，心理学と実社会での仕事との接点も多種多様にさまざまであることを意味します。

　折しも心理学界の長年の夢であった国家資格が「公認心理師」として定められ，2017 年より施行されます。この資格を取得すれば，誰もが「こころのケア」を専門とする仕事に従事することが可能になります。心理学の重要性や社会的貢献がますます世間に認められ，大変喜ばしい限りです。

　しかし心理学を活かした仕事は，心のケア以外にもたくさんあります。私たちは，この際，心理学と仕事との関係について全体的な視点より，整理整頓して検討してみる必要があるでしょう。

　本シリーズ『心理学と仕事』全 20 巻は，現代の心理学とそれを活かす，あるいは活かす可能性のある仕事との関係について，各領域において検討し考察する内容からなっています。心理学では何が問題とされ，どのように研究され，そこでの知見はどのように仕事に活かされているのか，実際に仕事をされている「現場の声」も交えながら各巻は構成されています。

　心理学に興味をもちこれからそちらへ進もうとする高校生，現在勉強中の大学生，心理学の知識を活かした仕事を希望する社会人などすべての人々にとって，本シリーズはきっと役立つと確信します。また進路指導や就職指導をしておられる高校・専門学校・大学などの先生方，心理学教育に携わっておられる先生方，現に心理学関係の仕事にすでについておられる方々にとっても，学問と仕事に関する本書は，座右の書になることを期待していま

す。また学校ではテキストや参考書として使用していただければ幸いです。

下図は本シリーズの各巻の「基礎−応用」軸における位置づけを概観したものです。また心理学の仕事を大きく分けて，「ひとづくり」「ものづくり」「社会・生活づくり」とした場合の，主に「活かせる仕事分野」のアイコン（各巻の各章の初めに記載）も表示しました。

なお，本シリーズの刊行を時宜を得た企画としてお引き受けいただいた北大路書房に衷心より感謝申し上げます。そして編集の労をおとりいただいた奥野浩之様，安井理紗様を中心とする多くの方々に御礼を申し上げます。また企画の段階では，生駒忍氏の支援をいただき，感謝申し上げます。

最後になりましたが，本書の企画に対して，ご賛同いただいた各巻の編者の先生方，そしてご執筆いただいた300人以上の先生方に衷心より謝意を表する次第です。

監修者

太田信夫

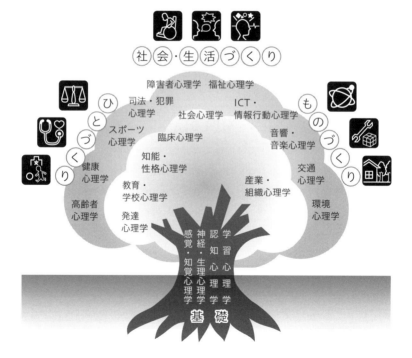

(答 50)

はじめに

　この巻は，知能心理学と性格心理学について書かれています。
　心理学を基礎分野と応用分野とに分けてとらえたとき，このシリーズの構成を参考にすると，第1巻『感覚・知覚心理学』，第2巻『神経・生理心理学』，第3巻『認知心理学』，第4巻『学習心理学』が基礎分野に属し，本巻『知能・性格心理学』を含めた第5巻から第20巻までの16巻が応用分野に属します。心理学が発展してきた道筋を振り返ると，基礎分野で得られた知見が応用分野で活かされているといえます。この巻で扱われる，知能心理学と性格心理学は密接に関連しています。その関連については，『性格は変えられるか―個性カウンセリング入門―』という著書において，詫摩武俊氏が知能と性格の関係に言及しています。それは，子どもを観察した場面で，IQ（知能指数）が高い子どもが低い子どもより自立的で，競争心が強くさらに言語による攻撃の度合いも高いという結果が得られています。つまり，子どものIQが，知識や知的技能の反映であると同時に知的課題を解決しようとする欲求や意志の表れとみることができ，意欲によって変化するというのです。そのことから相互に関連しあっていることは明らかだと指摘しています（詫摩・星野，1972）。
　また，IQが高い人あるいは高められる人には共通の特徴がみられ，その特徴が特有の性格に結びついているといえます。
　いくつか例をあげてみます。

① 「情報処理能力が高い」ならば「適当な仕事はせずに責任感が強いという性格」につながります。
② 「好奇心が旺盛」ならば「何でも没頭しこだわり，いつでもあきらめずに突き詰める，つまりこれと目をつけたものに集中しあきらめずに突き詰めるという性格」につながります。
③ 「相手の気持ちを理解しにくい」ならば「自分勝手で邁進しコミュニケーション能力が苦手な性格」につながります。
④ 「感情に左右されない」ならば「冷静さが目立ち冷たい感じがみられる性格」につながります。

これらの関連については，次のような例もあります。あるノーベル賞受賞者について，家族や周囲の人が語る性格には，好奇心が旺盛である，1つのことにこだわる，あきらめない，突き詰める，集中力が高い，周囲のことをあまり気にしないなどがあげられています。このことは，IQ の高さと性格に関連していることを示唆しているといえます。

　本書の構成は，知能心理学を扱うのが第 1 章から第 3 章であり，『第 1 章　知能心理学への招待』では，知能についての基本的な知識，知能のとらえ方，知能がどのような要素で構成されているか，知能を客観的に測定する方法である知能検査について解説しています。『第 2 章　人工知能』では，最近特に注目されている AI に言及しています。AI は，将棋や囲碁といったゲーム分野や自動車の自動運転などの分野へどのように応用することができるかという点で特に注目されてきています。この分野は日進月歩であり，できる限り最新版の記述を届けられるように考えています。『第 3 章　知能と仕事』では，実際の教育場面で知能がどのように扱われ，どのように活用されているかが解説されています。さらに，教育現場の声も掲載しています。

　性格心理学を扱うのが，第 4 章から第 7 章であり，『第 4 章　性格心理学への招待』では性格全般について広い視野から解説されています。私たちがよく聞く「性格」「人格」「パーソナリティ」「キャラクター」「気質」という言葉の適切な使い方についてもふれています。『第 5 章　性格理論』では，できるだけわかりやすく類型論と特性論を中心に理論的側面から性格を解説しています。『第 6 章　性格測定法』では性格をどのように測定するかを堅苦しくならないように配慮しながら理論的背景をふまえて解説されています。『第 7 章　性格と仕事』では，性格と職業との関係に言及しながら，職業現場での体験に基づいて，職業現場における性格と職業との関連を展開しています。また，性格心理という観点からの現場の声を掲載しています。

　以上のような構成になっていますが，知能心理学と性格心理学に密接に関連し補足的に扱っておいたほうがよい分野として，感情心理学があります。このシリーズの目指す「心理学と仕事」を考えると，感情心理学の分野すべてというより，感情知能（EI・EQ）を取り上げておく必要があるので，第 1 章 4 節ではそれについて詳しく解説していきます。

　本書で扱われている内容は，今後の社会生活に役立つに違いありません。

読者の皆さんが有効に活用されることを期待します。

編　者
浮谷秀一

目　次

- 監修のことば　i
- はじめに　iii

第1章　知能心理学への招待　1
- 1節　知能　1
- 2節　知能の理論　8
- 3節　IQを超えて　11
- 4節　感情知能（EI: Emotional Intelligence）　17

第2章　人工知能　29
- 1節　はじめに　29
- 2節　知能とは何か　30
- 3節　人工知能の歴史　32
- 4節　畳み込みニューラルネットワーク（CNN）とは何か　41
- 5節　人工知能の現状　46
- 6節　人工知能の影響　48

第3章　知能と仕事　53
- 1節　知能検査　53
- 2節　教育領域　56
- 3節　福祉領域　60
- 4節　医療領域　63

- ● 現場の声1　通級指導学級から特別支援教室へ …………………… 67
- ● 現場の声2　教育相談室と知能 …………………………………… 69
- ● 現場の声3　デイケアを併設した医療機関での「知能」の扱い … 71

第4章　性格心理学への招待　75
- 1節　性格とは何か　75
- 2節　性格の形成と研究法　83
- 3節　性格の一貫性と変化　89

第5章　性格理論　97
- 1節　類型論　97
- 2節　特性論　101
- 3節　類型論と特性論の去来　108

第6章　性格測定法　　115

　　1節　観察法　　115
　　2節　面接法　　120
　　3節　検査法　　126

第7章　性格と仕事　　137

　　1節　はじめに　　137
　　2節　性格と職業　　138
　　3節　性格と就職（採用）活動　　144
　　4節　性格と役職　　151
　　5節　おわりに　　157

　　●　現場の声4　採用するときに重視する性格とは？ ………………… 158
　　●　現場の声5　児童心理司という仕事 ……………………………… 160

付録　さらに勉強するための推薦図書　　163
文献　　165
人名索引　　171
事項索引　　172

第1章 知能心理学への招待

1節　知能

1. 知能とは

(1) 知能の測定

　知能とはどのようなものかと聞かれたら，皆さんは何と答えますか？　おそらく「IQ（知能指数）」「頭のよさ」「勉強ができること」などという答えが返ってくるのではないかと思います。実際，知能にはさまざまな定義がありますが，総合していえば，「さまざまな刺激（情報）を認識し，記憶し，思考し，判断し，過去の経験を活かしつつ，当面の課題を解決する一連の心的活動」といえるでしょう。

　たとえば，朝起きたときに雨が降っていたとします。私たちは深く考えることなく，「あ，雨だ」「濡れると冷たそう」「傘をもっていかなきゃ」「電車が遅れるかもしれないから，早めに家を出よう」などと考えます。雨が降っていることを，視覚や聴覚によって認識し，その意味を理解し，経験に基づいて，そのような状況にふさわしい行動をとろうとするのです。これはごく単純な例ですが，実際に私たちが生きている文脈（家庭や学校，地域，職場など）では，もっと複雑な課題や場面に直面します。そうしたさまざまな問題の解決に使われるのが，知能です。したがって，知能は特定の活動（学業など）に限定されるものではなく，私たちの日常生活すべてに関わっているといえ

るでしょう。こうした点をふまえて，人間の知的能力を，知能（intelligence）ではなく，認知能力（cognitive ability）という言葉で表す研究者もいます。

さて，心理学は哲学から派生した学問ですが，公式には1879年に誕生したといわれています。知能研究のルーツは，それよりも前の19世紀前半にヨーロッパで広まった骨相学にさかのぼることができます。骨相学とは，脳の部位（頭蓋上の位置）と心理的形質（性格や感情，知的能力など）とを対応づけて考えるものです。科学的根拠には乏しかったものの，脳と心の結びつきを指摘した点や，測定や分類の仕方等において，その後の心理学の成立に大きく影響したといわれています。

心理学者として初めて知能の研究に取り組んだのは，イギリスのゴルトン（Galton, F.）です。19世紀の終わり頃，ロンドンに人体測定実験室を設け，人間のさまざまな能力の客観的・科学的な測定を試みました。知能の基礎となるものとして，視覚や聴覚の鋭敏さが測定されたほか，身体の大きさや体力の計測も行われました。

ゴルトンは，進化論で有名なダーウィン（Darwin, C.）の従兄弟であり，悪名高き優生学（優れた遺伝子を残し，劣った遺伝子を排除することが人類の進化につながるという考え）の始祖としても知られています。その一方で，質問紙によるデータ収集，複数の検査を組み合わせるテスト・バッテリー，実験群と統制群の設定，回帰や相関といった統計的手法など，彼の考え出した研究手法は，当時の心理学界に影響を与えたばかりでなく，現在に至るまで心理学の基本的手法として受け継がれています（Wasserman, 2012）。

(2) 知能の定義

知能の研究については，上述したように測定が先行しましたが，後に定義や中身についても議論されるようになりました。アメリカの教育心理学の専門誌『Journal of Educational Psychology』は，1921年に知能の特集号を組み，17名の研究者たちに「知能とは何か」と問いかけました。この問いに「抽象的思考力」と答えたのがターマン（Terman, L. M.）です（Terman, 1921）。後でふれるサーストン（Thurstone, L. L.）やスピアマン（Spearman, C. E.）もこの立場に

立っています。抽象的思考力は，ピアジェ（Piaget, J.）の発達理論にも示されているように，人間の知的な働きの中で最も高次に位置づけられるものです（Piaget, 1970）。しかし，この定義では，幼い子どもや動物が示す知的行動を説明することができません。ちなみに，子どもが抽象的思考力を獲得するのは 11，12 歳以降といわれています。

20 世紀初頭はさまざまな知能検査の開発がブームになっていたこともあり，知能を「知能検査によって測定されたもの」という割り切った定義をする研究者も現れました（Borling, 1923）。実際，知能の研究や，障害の判定といった現実への応用場面では，何らかの知能検査が使われることがほとんどです。しかし，後述するように，知能検査自体の限界も指摘されているため，この定義も不十分だといえるでしょう。

知能を「新しい環境に適応し，経験から学ぶ能力」とする定義は，多くの研究者によって支持され，現在も引き継がれています（Dearborn, 1921; Sternberg, 2000）。私たちは日々新しい課題や場面に出会い，問題の解決を試み，その経験から学んでいます。ただし，実際の適応や学習には，知能だけではなく，意欲や性格，周囲の環境なども関わってくるため，その点に留意しておく必要があるでしょう。

以上の見方を総合するものとして，ウェクスラー（Wechsler, D.）による定義もしばしば引用されています（Wechsler, 1939）。彼は，知能を「目的的に行動し，合理的に思考し，環境を効果的に処理する個人の総合的，全体的な能力」と定義しました。

いずれの定義をみても，心理学では，伝統的に「知能は個人の中にあるもの」と考えていることがわかります。その前提のもとに，知能検査を開発したり，知能を測定してきたといえるでしょう。これに対して，最近は分散知能（distributed intelligence）という見方も出されています（Pea, 1993）。知能を，個人の中に閉じたものとしてではなく，集団のメンバーの中に，あるいは道具や環境の中に分散して存在しているとみなす考え方です。

たとえば，子どもの遊びや大人の仕事といった場面では，知識や能力の異なる人々が互いに協力し合うことによって，一人ではできないことを達成していきます。また，その過程で互いに学び合っています。

職人のように，一人で最初から最後までの工程をこなしているように見える場合でも，最初は見習いとして誰かに教わる期間が必要ですし(Lave & Wenger, 1991)，使用する素材，道具を提供してくれる人や環境，作ったものの価値を認めて利用してくれる人がいなければ，その活動は成り立ちません。道具もまた，人の知能の一部を肩代わりしています。たとえば，手帳やコンピュータ，インターネット，図書館などは記憶の貯蔵庫として活躍しています。電卓は計算を助けてくれますし，図表や映像などは，物事を視覚的に理解することを助けてくれます。

　分散知能の考えは，学習における他者および状況の役割を強調する社会文化的アプローチや社会構成主義に根ざしています。各分野の知識が高度化・専門化する中で，個人があらゆる領域の情報に通じることは不可能になってきています。したがって，個人の知識や能力を高めるだけでなく，分散している知能をうまくつなぎあわせていくことが，今後ますます重要になってくると思われます。そのためには，他者と協力し合うことや，道具と上手に付き合うこと，双方向的な学びが可能になるような環境を構築すること，などが求められているといえるでしょう。

2．知能検査の開発

(1) ビネー式知能検査

　続いて，知能検査の歴史をみていきましょう。

　ゴルトンが行った人体測定の手法を引き継いで，19世紀末にメンタルテストを開発したのが，アメリカのキャッテル（Cattell, J. M.）です。メンタルテストには，文字の記憶や反応時間など，現在の知能検査にも通じる課題があった一方で，色名判断や痛覚，握力などの課題も含まれていました。やがて，それらの課題の成績間に関連がないことが指摘されるようになり，測定しているものがはっきりしない（検査の妥当性が低い）という理由から，メンタルテストは廃れていきました。

　同じ頃，フランスでは公教育の普及にともない，子どもが学校での勉強についていけるかどうかを判定する必要性が高まっていました。政府から委託を受けたビネー（Binet, A.）とシモン（Simon, T.）は，

さまざまな課題を年齢別に並べ，どの年齢水準まで達成できるかをみることで，知能の発達水準を明らかにする検査を開発しました。これがビネー式知能検査です。

1905年に初めて公表されたビネー式知能検査は，その後改訂を重ね，1911年に完成版が発表されました。3～10歳，12歳，15歳，成人という11段階の年齢ごとに，5つの検査項目が並べられ，すべての検査項目をパスした年齢によって，発達水準（精神年齢）が示されるようになっています。

ビネー式知能検査は，理論的に導き出されたというよりも，臨床経験の蓄積から生み出されたものでしたが，その信頼性（測定結果の安定性）や実用性の高さから，瞬く間に世界各国に広まりました。アメリカだけでも70以上の翻訳・改訂版が作られたといわれています。その決定版は，1916年にターマンが発表したスタンフォード・ビネー検査です。この検査の特徴は，知能指数（IQ：Intelligence Quotient）による表示を導入したことです。IQは，もともとドイツの心理学者シュテルン（Stern, W.）によって考案されたものです。IQが登場したことによって，異なる年齢の子どもや，異なる集団間の知能を比較することができるようになりました。IQは精神年齢（Mental Age: MA）を生活年齢（Chronological Age: CA）で割ったものに，100を掛けて算出されます（IQ＝MA÷CA×100）。

ビネー式知能検査は，日本でも1908年に紹介され，その後，鈴木ビネー知能検査や田中ビネー知能検査が作られました。いずれも時代に合わせて，少しずつ内容を改訂していますが，現在に至るまで使われています。アメリカのスタンフォード・ビネー検査は2003年，日本の田中ビネー知能検査は2005年に，それぞれ第5版が出され，100年以上の歴史を誇る検査となっています。

(2) 集団式知能検査

ビネー式知能検査は個別式検査（検査者と被検査者が一対一で行うもの）として作られましたが，その後，第一次世界大戦（1914～1918）を契機として，大勢で一斉に行う集団式知能検査が開発されました。アメリカは戦争に対して当初不介入の立場をとっていましたが，1917年に急きょ参戦することになり，軍では将校（指揮官）の

不足や兵士の配置の問題に直面していました。そこで，ヤーキーズ (Yerkes, R. M.) を代表とする心理学者が，成人用の集団式知能検査を開発し，軍での活用を申し出たのです。集団式知能検査は，言語を用いたアルファ式（言語）テストと，図形や記号を用いたベータ式（非言語）テストに分かれていました。英語が不得手な人（移民や非識字者など）にとっては，アルファ式では知能が低いと判断されてしまう可能性がありますが，ベータ式であればそうした問題をある程度回避できると考えられたのです。知能検査の内容が任務に直接関係ないものであったことから，軍ではあまり歓迎されなかったそうですが，戦争が終わる頃までには172万人以上の人が検査を受けたということです (Wasserman, 2012)。

この集団式知能検査をきっかけとして，子どもを対象とした集団式知能検査の開発も進められ，徐々に学校で活用されるようになっていきます。日本では，非言語式検査として田中B式，混合型検査として田中AB式，東大A-Sなどの知能検査が作成されています。

(3) ウェクスラー式知能検査

さて，第一次世界大戦で知能検査の実施にあたった一人が，先述したウェクスラーです。ルーマニアからの移民としてアメリカで苦学しながらも，心理学を専攻していたことから，軍で知能検査の実施に携わることになりました。彼の任務は，アルファ式やベータ式の検査で結果が出なかった人，すなわち知能が極めて低いと判定された人を対象に，個別式知能検査を実施することでした。この経験により，集団式知能検査の限界を感じるとともに，言語式と非言語式の検査を組み合わせることの重要性に気づいたといわれています。

その後，1930年代にニューヨークのベルビュー精神病院に勤務する中で，もともと子ども用として開発されたビネー式知能検査を，成人に適用することの難しさを感じるようになりました。そこで，軍での経験や病院での臨床経験をもとに，1939年に成人用のウェクスラー・ベルビュー知能検査 (the Wechsler-Bellevue Form I) を開発しました。この検査は1955年にWAIS（ウェイス）(Wechsler Adult Intelligence Scale) として改訂され，現在に至るまで使われています。また，1949年には子ども用のWISC（ウィスク）(Wechsler Intelligence Scale for Children) も発

表されました。

　ビネー式知能検査が知能の全般的な発達水準をみるのに対し，ウェクスラーの検査は，領域ごとに知能をとらえるため（特に言語性知能と動作性知能），個人の弱い部分と強い部分を見分けることができるのが特徴です。問題は年齢別ではなく，種類別に並べられています。結果は IQ で示されますが，正確には偏差知能指数（deviation IQ）といい，同年齢集団の中での相対的な位置もわかるようになっています。図 1-1 に示すように，ウェクスラー式の偏差 IQ は平均（X）を 100，標準偏差（SD）を 15 とした正規分布に近似し，7 割近くの人は 85 ～ 115 の間に入るとされます。一般に，IQ が 70 未満だと知的障害と診断され，70 ～ 84 だとボーダーライン，85 以上は正常とみなされます。

　ウェクスラー式知能検査も，時代とともに内容に少しずつ変更が加えられてきました。結果の表示の仕方も，当初は全検査結果に基づいて算出される FIQ（Full IQ），下位領域である言語性知能の VIQ（Verbal IQ）と動作性知能の PIQ（Performance IQ）によって示していました。しかし，2003 年に出された WISC の第 4 版（WISC- IV，日本版は 2011 年から刊行）から，VIQ と PIQ の区分がなくなり，言語理解・知覚推理・ワーキングメモリー・処理速度という 4 つの下位領域によって子どもの知能をとらえるようになっています。言語理解とは言語による情報や言語的知識を活用する力，知覚推理とは視覚的情報を取り込み全体としてまとめる力，ワーキングメモリーとは注意を持続させて聴覚的情報を取り込み記憶する力，処理速度とは視覚的な情報をすばやく処理する力を指しています。

　成人用の WAIS も，2008 年に出された第 4 版（WAIS- IV）から，

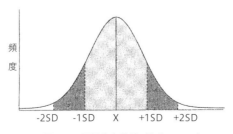

▲図 1-1　正規分布曲線（塩崎，2010）

VIQとPIQの区分がなくなり，WISC-IVと同じ4種の下位領域によって結果を表示するようになりました。臨床現場で最もよく使われているとされるウェクスラー式検査も，データの集積とともに研究が進み，知能をより細やかにみていく方向に変化してきたといえます。

(4) K-ABC

　カウフマン（Kaufman, A. S.）らによって1983年に発表されたK-ABC（Kaufman Assessment Battery for Children）も，個別式の知能検査です。日本では，K-ABC心理・教育アセスメントバッテリーとして1993年に導入されました。この検査は，ロシアの神経心理学者ルリア（Luria, A. R.）の理論に基づき，子どもの認知処理過程を同時処理と継次処理の2側面からとらえるところに特徴があります。同時処理とは，物事を視覚的・全体的にとらえて理解することを指し，継次処理とは，物事を順序立てて理解することを指しています。このほか，知識・技能の習得度についても測定し，子どもの得意な認知処理様式を見定め，それを直接，教育や指導に活かすことをねらいとしています。

　その後アメリカで2004年に改訂版が出され，日本でも2013年にK-ABC IIが刊行されました。この改訂版は，ルリアの理論に加え，後述するCHC理論に基づいて作られたということです。日本版K-ABC IIでは，認知処理過程だけでなく，基礎学力も測定することができ，より現場での活用を意図したものとなっています。

　これまでみてきたように，知能についての議論，また知能検査の開発は心理学の歴史とともにあり，時代とともに見直しが重ねられてきました。その背後には，研究方法の改善に基づく新しい成果の発見，それによる理論の構築や修正があったといえるでしょう。

2節　知能の理論

1. 古典的理論

　知能検査が開発され，学校や軍などで大勢の人に実施されたことにより，多くのデータが研究者の元に集まるようになりました。そこで因子分析などの統計的な手法が編み出され，知能の構造や関連性を明

らかにしようとする研究が盛んになりました。

イギリスのスピアマンは，子どもを対象としたさまざまな心理検査や学業成績の間に高い相関がみられることから，知能には，あらゆる課題に共通して使われる一般因子（g因子）と，個別の課題に使われる特殊因子（s因子）の2つがあると考えました（Spearman, 1904; 1927）。これを知能の2因子説といいます。2因子説とはいっても，基本的にはg因子の存在に力点を置き，その遺伝的規定性を強調するものです。

この2因子説に反論したのが，アメリカのソーンダイク（Thorndike, E. L.）です（Thorndike, 1920）。彼は動物の知能，特に試行錯誤学習に関する研究で知られていますが，人間の知能についても研究を行っています。そして，知能は1つにまとめられるものではなく，独立した3つの因子，すなわち抽象的知能，機械的知能，社会的知能から成ると主張しました。3つめの社会的知能は，今日の議論（3節参照）では重視されていますが，当時は十分に受け入れられなかったようです。

アメリカのサーストンも，一般因子（g因子）の存在を強調するスピアマンの説に異論を唱えました（Thurstone, 1938）。彼は，因子分析をはじめとする心理測定法を開発し，大規模データの解析に基づき，知能が次の7つの因子に分けられることを見出しました。

①知覚：一定の対象をすばやく見つける能力
②空間：空間的パターンを正確に知覚し，比較する能力
③数量：計算などの数的処理に関する能力
④言語：語の意味の正しい把握や文章理解に関する能力
⑤語の流暢性：語彙の豊富さに関する能力
⑥記憶：機械的な記憶能力
⑦推理：複雑な問題を解き，経験を活かして新しい活動を計画する能力

このように，知能は多様な側面から構成されているとする見方を，知能の多因子説とよんでいます。

2. Gf-Gc 理論と CHC 理論

　スピアマンの弟子であったキャッテル (Cattell, R. B.) は，サーストンの多因子説に理解を示しながらも，個々の知能は，独立した 2 つにまとめられると考えました (Cattell, 1943)。その 1 つが流動性知能 (Gf) です。言葉や記号などの情報をすばやく処理する能力で，新しい課題や場面への適応を要するときに使われます。もう 1 つは結晶性知能 (Gc) です。過去の経験を活かして得られた判断力や習慣を指し，日常的な課題や，込み入った問題に対応するときに使われます。

　さらに，R・B・キャッテルの弟子であったホーン (Horn, J. L.) は，因子分析の手法を洗練させ，流動性知能と結晶性知能のほかに，数的能力，視覚的認知，聴覚的認知，記憶，処理速度があることを見出しました (Horn, 1968)。これらの因子は，先述したサーストンが見出した 7 つの因子とおおむね重なり合っているといえるでしょう。キャッテルとホーンは，知能の生涯発達についても検討し，流動性知能は青年期にピークを迎えるのに対し，結晶性知能は成人期を通じて伸び続けることを示しました (Horn, 1970)。彼らの理論は，流動性知能と結晶性知能によって代表されることから，2 つの知能の頭文字を取って，Gf-Gc 理論とよばれています。

　1990 年代に入ってから，サーストンの弟子であったキャロル (Carroll, J. B.) によって，統合的な理論が提唱されました (Carroll, 1993)。100 年近い歴史をもつ知能研究の中から，再分析に耐えうる 480 余りの研究を抽出し，再度統計的分析にかけ，知能の三層理論を提唱したのです。一般知能を最上位（第三層）に置き，中間（第二層）に 7 種の知能，一番下（第一層）には具体的な課題によって示される力を並べています。図 1-2 に示すように，第二層の知能には，①流動性知能，②結晶性知能，③一般的記憶，④一般的視覚認知，⑤一般的聴覚認知，⑥一般的検索能力，⑦認知処理速度が含まれています。その後，これら 7 つの知能に，⑧反応速度が加えられました (Carroll, 2005)。

　キャロルの理論は，キャッテルが提唱し，ホーンが展開した理論を包含するものであったことから，研究者の名前 (Cattell-Horn-Carroll)

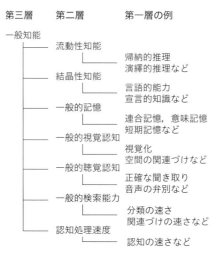

▲図1-2 知能の三層理論 （山森，2006）

の頭文字を取って，のちにCHC理論とよばれるようになりました（McGrew, 2005）。マクグリュー（McGrew, K. S.）は，キャロルが見出した第二層の知能を，①流動性知能，②結晶性知能，③数的推理，④短期記憶，⑤長期記憶と検索，⑥視覚的情報処理，⑦聴覚的情報処理，⑧処理速度，⑨読み書き能力，⑩意志決定／反応速度の10個に拡大しています。このCHC理論は，実証データに基づく妥当性の高さから，上述したK-ABCをはじめとして，既存の知能検査の多くに見直しを迫ることになりました。なお，CHC理論については，現在も修正・拡大が試みられています（Schneider & McGrew, 2012）。

3節　IQを超えて

1. 遺伝か環境か

　知能検査の開発とそれにともなうIQの広まりは，さまざまな論争や社会的問題も引き起こすことになりました。知能検査の開発が1つの産業となり始めた1920年代に，ジャーナリストのリップマン（Lippmann, W.）は，検査項目の皮相性と文化的バイアスを指摘し，そのような検査1つで人間の知能が評価されることの危険性を訴えました。これに反論したのが心理学者のターマンです。彼らの論争は

2年にわたって続きました（子安，1992）。

また，欧米では，人種の優劣を知能やIQと結びつける議論もたびたび起こっています。19世紀末から20世紀にかけて，先述したゴルトンやターマンによって主導された優生学がその代表です。第二次世界大戦中にナチスが行った人種や障害に基づく蹂躙や虐殺によって，優生学そのものは葬られましたが，その後も人種とIQを結びつける論争は続いています。

たとえば，ジェンセン（Jensen, A. R.）は，白人と黒人のIQ差は遺伝的に規定されたものであり，ヘッドスタートなどの就学前教育の有効性は低いと主張しました（Jensen, 1969）。近年では，『The bell curve_{カーブ}』（Herrnstein & Murray, 1994）という書物が巻き起こした論争が知られています。いずれの論考も，知能を複数の側面からとらえるのではなく，遺伝的に規定された1つの因子（g因子）とみなす点で共通しています。

「ベルカーブ」という名前の由来は，IQの分布が釣鐘型になっていることから来ています（図1-1参照）。ハーンスタイン（Herrnstein, R. J.）らによれば，その釣鐘型の左端に位置する人々，すなわち知能の低い人々は，社会的な問題（家庭崩壊，退学，犯罪，生活保護受給など）を経験しやすいほか，知能は遺伝的に規定され，人種によって異なっているということです。要するに，暗に「社会の問題の多くが，遺伝的に知能の低い黒人によってもたらされている」と主張したのです。この書物に対する反響はすさまじく，混乱を避けるために，研究者が新聞紙上に緊急声明を出すほどでした（Gottfredson, 1997）。

ひるがえって，日本では学力をめぐる論争はあっても（e. g., 福田, 2006；市川, 2002），このようなIQ論争が起こることはほとんどありません。また，研究者も知能検査については議論しますが（e. g., 武藤, 2014；竹内, 2004），知能そのものを論じることは少ない傾向にあります（子安, 1992）。1980年代に著名な科学雑誌『Nature』に，日本の子どもはアメリカの子どもよりもIQが高い（正確には，時代とともに日米のIQ差が拡大している），という研究が発表されたことがあります（Lynn, 1982）。この研究はアメリカで大きな議論をよびましたが，日本での反響は小さなものでした（藤永, 1995）。

このような違いには，社会的背景の違い（多民族国家か否か）や，

時代の影響（当時の日本の著しい経済成長と海外進出）のほか，文化的信念も影響しているといわれています。すなわち，欧米（特にアメリカ）では知能が遺伝的に規定されていると考え，その指標としてIQが重視される傾向があるのに対し，日本ではIQよりも学力への関心が高く，また学力は努力することで向上するという信念が強くみられるのです（藤永，1995）。こうした努力重視の傾向は日本だけでなく，アジア圏に共通してみられるものであり（Salili, 1995），アメリカにおけるアジア系移民の成功にも，そのことが関わっているといわれています（Goleman, 1995）。

　では，実際に知能や学力は，どれほど遺伝や環境によって左右されるのでしょうか。知能に関しては，古くから遺伝的規定性が強いと考えられてきました。その論拠の1つとなったのが，年齢を重ねてもIQにあまり変化がみられないというIQの恒常性です。今では，IQの恒常性については，より限定的に考えられるようになってきていますが，最近の行動遺伝学による研究でも，知能における遺伝的規定性は，他の心理的形質（性格など）に比べて強いことが示されています（安藤，2014）。

　これまでの研究によると，一般知能の8割近く，空間性知能の7割が遺伝要因によって規定されているということです（表1-1）。一方，言語性知能に関しては，遺伝要因の果たす割合は2割にも満たず，8割以上が環境要因（共有環境と非共有環境）によって決まっています。このように，知能の指標を何にするかによっても，遺伝と環境の割合は異なりますが，言語性知能を除くと，知能全般における遺伝要因の規定性は相対的に高いといえるでしょう。しかし，学業成績に関しては，必ずしも遺伝優位ではなく，遺伝と環境の寄与率は約半々となっ

▼表1-1　知的能力に関する遺伝，共有環境，非共有環境の割合
（安藤，2014を一部改変）

	遺伝	共有環境	非共有環境
一般知能	0.77	—	0.23
論理的推論能力	0.68	—	0.31
言語性知能	0.14	0.58	0.28
空間性知能	0.70	—	0.29
学業成績	0.55	0.17	0.29

ています。文化的な違いは，こうした結果のどの部分に着目し，どう解釈し，どう働きかけるかという点に，強く表れてくるのではないかと思われます。

2．知能検査の限界と新しい知能観

　知能検査は，もともと学校生活への適応を予測するものとして作られたため，IQと学力との間には比較的高い正の相関がみられます。また，学力ほどではありませんが，社会的有能さや職業上の成功とも関連していることが示されています（Gottfredson, 1997）。しかし，1980年代頃から，欧米で開発された知能検査が異文化では通用しにくいことや，知能の高さだけで将来の成功を予測できるとは限らないことが明らかにされ，知能概念を根本的に見直そうとする動きが高まってきました。

　そのきっかけとなったのが，1960年代から70年代にかけてアフリカや中南米などで行われた一連の比較文化研究です。欧米諸国で知的水準を測る物差しとして当然のように使われていた課題や検査が，異文化の人々には通用せず，かといって彼らの知的水準が低いわけではなく，生活上必要かつ高度な知的能力（計算や分類能力，航海術など）をもっていることが，複数の研究によって示されました。このような知見は，IQに代表される欧米中心の知能観を揺るがせただけではなく，人間の心の働きが必ずしも普遍的なものではなく，文化的文脈との相互作用の中で現れてくると考える文化心理学の誕生にもつながっていきました（Greenfield, 1997）。

　さて，知能概念の見直しにいち早く取り組んだ研究者の一人が，スタンバーグ（Sternberg, R. J.）です（Sternberg, 1985）。彼は学校場面ではなく，実際の生活の中で使われる知能に着目し，知能の鼎立理論を提唱しました。鼎立というのは，3側面から成る，という意味です。具体的には，コンポーネント理論，経験理論，文脈理論のそれぞれに対応する知能として，分析的知能，創造的知能，実践的知能の3つをあげています。

　分析的知能とは，問題を認識し，情報を集め，対処法を立て，そのプロセスをモニターし，調整し，結果を評価する能力です。メタ認知能力ともいえるでしょう。創造的知能とは，新しいアイデアを生み出

す能力です。実践的知能とは，経験を通して学んだ知識やスキルを現実場面に活用する能力です。このうち，実践的知能を対象とした研究からは，IQ の高さは学力の高さを予測するものの，仕事や生活面で必要な知能とは必ずしも関連しないことが見出されています（Colonia-Willner, 1998; Sternberg et al., 2001）。

知能検査や入学試験などのペーパーテストでは，与えられた課題に答えればそれで終わりですが，仕事などの現実場面では，まず問題がどこにあるかを認識し，それを解決するために，状況に働きかけたり，自己調整したりすることが求められます。すなわち，より能動的かつ実践的な知能が必要とされます（鈴木，2008）。人生が長期化し，社会が流動化しつつある現在，スタンバーグの提唱した知能観はますます重要性を増していると思われます。

また，ガードナー（Gardner, H.）も多重知能理論を発表して，注目を集めました（Gardner, 1983）。彼は，芸術性の発達に関する認知心理学的研究と，失語症など脳損傷を受けた人の神経心理学的研究を並行して行いながら，新しい知能観を唱えました。そこには，これまで知能の一分野としては認められてこなかった音楽や身体運動，対人関係や自己制御などが含まれており，とりわけ教育界に大きなインパクトを与えました。

多重知能は次の 7 つから成っています。

① 言語的知能：言葉の意味を理解し，記憶する力。言語的に表現する力
② 論理・数学的知能：さまざまなシンボルの理解とそれを論理的に操作する力
③ 音楽的知能：音楽を知覚し，理解し，記憶する力。音楽的に表現する力
④ 空間的知能：対象がどのような位置にどのような速度や関係で存在しているのかを知覚し，記憶し，表現する力
⑤ 身体運動的知能：身体の姿勢や運動の様子を知覚し，記憶する力。運動をコントロールして，身体的に表現する力
⑥ 対人的知能：他者の感情や他者との関係を知覚し，理解し，記憶する力。適切に社会的行動を行う力
⑦ 内省的知能：自分の内面を洞察し，コントロールする力。自分に合った生き方を選んで，内的な満足を得る力

それぞれの知能は領域固有的とされ,すべてに共通する一般因子（g因子）は想定されていません。後に,ガードナーはこれらに,⑧博物的知能（自然界の事物を分類し,整理する力）を追加しました（Gardner, 1999）。上記8つの知能のうち,学力検査や知能検査が測っているものは,言語的知能と論理・数学的知能に過ぎないということです。

　また,対人的知能は,ソーンダイクが1920年に提唱した社会的知能とほぼ同じですが,20世紀の終わりになって新たに着目されるようになったといえるでしょう。対人的知能と内省的知能は,ゴールマン（Goleman, D.）のいう感情知能（Emotional Intelligence）とも重なり合うものです（Goleman, 1995, 4節参照）。感情知能は,もともとはサロヴェイとメイヤー（Salovey, P. & Mayer, J.）によって提唱された概念であり,「自分や他者の感情をモニターし,識別し,思考や行動に活かすこと」と定義されています（Salovey & Mayer, 1990）。

　その後の研究では,IQだけが将来の成功を予測するとは限らず,むしろ感情知能のほうが高い予測力をもつことや（Michel, 2014; Snarey & Vaillant, 1985）,逆に知能が高い人,すなわち優秀な成績を修め,高い学歴を誇る人の中にも,社会に出てからつまずいたり,リーダーとして悪しき判断をする人がいることもわかってきました（Sternberg, 2002）。

　感情知能の基礎が,幼児期に築かれることも明らかにされています。ノーベル経済学賞を受賞したヘックマン（Heckman, J. J.）によれば,1960年代にアメリカで行われた低所得層の幼児（IQが70〜84のボーダーラインの子どもたち）への介入実験の結果,IQにはほとんど変化がみられなかったのに対し,自制心や集中力,粘り強さや協調性といった非認知的スキル（non-cognitive skills）が向上し,そのことが後の学業上の達成や社会的適応につながったということです（Heckman, 2013）。実際に行われた介入は,読み書きなどに特化した英才教育ではなく,保育者が子どものすることを認める,励ます,受け入れるといった,子ども主体の生活や遊びを保障する教育でした。こうした幼児教育に加え,定期的に家庭訪問を行い,親に対するさまざまなサポート（育児支援や就労支援など）も提供しました。

3〜4歳時点での介入の後，実験群（幼児教育を受けた群）と統制群（幼児教育を受けなかった群）の追跡調査を行ったところ，前者のほうが特別支援教育を受ける割合が低く，学校での成績も良いことがわかりました。また，40歳になったときの社会的適応においても，実験群のほうが統制群よりも高いことが示されました。社会的適応の指標とされたのは，収入の高さや持ち家率，生活保護受給の有無，犯罪歴などです。さらに，こうした長期的効果から算出される幼児期への投資効果は，後の発達段階（青年期や成人期）への投資効果よりもはるかに大きいことが示されたのです。この研究からいえるのは，たとえIQが低めであったとしても，幼児期に非認知的スキル，いわば，感情知能を伸ばすような働きかけを受けることで，個人レベルでは学力の向上や社会での適応につながり，社会レベルでは経済的損失を防ぎ，社会全体の安定につながるということでしょう。

　このように，近年の研究では，知能には多様な側面があること，知能検査はその一部を測定しているに過ぎないこと，知能以外の側面の発達が社会的適応を支えていること，一人ひとりは異なる形で知能をもっていること，などが明らかにされています。その一方で，知能検査も理論や実証データに基づいて改訂が加えられており，障害のアセスメントや指導計画の作成に効力を発揮しています。医療や福祉，教育の現場で検査を実施したり，指導計画の立案に携わっている人の多くは，心理学を学んだ人たちです。こうした知能の多様性，検査の有効性と限界といった知識をふまえたうえで，個人のQOL（生活の質）の向上や，より良い社会の構築につながるような研究や実践をしていくことが，心理学に求められているといえるでしょう。

4節　感情知能（EI: Emotional Intelligence）

1. EIの誕生

　感情心理学の中で知能心理学と性格心理学に関連するのがEIです。
　EIという考え方が注目されるようになった経過をたどっていくと，知能に関するガードナーの多重知能理論（3節2項参照）にさかのぼります（Gardner, 1983）。彼の主張する多重知能理論では，知能が7つから構成されているというのです。

3節で述べたように，後にガードナーはこれらに，博物的知能（自然界の事物を分類し，整理する力）を追加し，8つとしました（Gardner, 1999）。

　彼の考え方には，これまで知能の一分野としては認められていなかった，音楽や身体運動，対人関係や自己制御などが含まれていたのが特徴ですが，その点は教育界に大きなインパクトを与えたのです。繰り返しになりますが，その中の対人的知能は，ソーンダイクが提唱した社会的知能とほぼ同じであり，対人的知能と内省的知能を合わせたものがEIと考えられます。

　サロヴェイとメイヤーは，ガードナーの「知能そのものは複数ある」という多重知能理論をふまえて，複数の知能の中に感情をつかさどる知能があるとしてEIを提唱したのです（Salovey & Mayer, 1990）。それは，「自分や他者の感情を理解し，識別し，思考や行動に活かすこと」と定義しています。

2. EIとEQの関係

　EIという用語は，専門的な研究者が使用していました。たとえば，サロヴェイとメイヤーは，EIという語を一貫して使いながら研究を進めていました。ゴールマンによって書かれた『*Emotional intelligence: Why it can matter more than IQ*』という著書には，サロヴェイとメイヤーの研究などをふまえて出版されたためEIという表記が使われています（Goleman, 1995）。同時にIQに対峙する表記であるようなことを示唆しています。また，この社会的によく知られていたIQに対峙する表記として，雑誌『*TIME*』（1995年10月9日号）がEQという表記を初めて使い，その雑誌の表紙には「What's your EQ?」と，EQという表記が取り上げられています（図1-3）。それまでIQを知能指数と訳していましたから，同じように訳すとEQは感情指数となります。すなわち，IQは頭の良さを数値で表示していることに対して，EQは感情状態を数値で表示しているということになります。なぜこのようにEQという表記に注目したかというと，EIの研究者

▲サロヴェイ氏

▲メイヤー氏

が注目した「学業成績が優れていても，必ずしも社会的には成功しないということがあるのはなぜか？」という単純な疑問を，IQ に対して EQ を対峙させることで説明しようとしたからです。

　実際には，雑誌『TIME』のもとになったゴールマンの著書（原著）では EQ という表記ではなく EI という表記が使われていました。すなわち，専門的な研究者間では EI という表記を使っていたのに対して，一般的に流布しようとして用いた表記が EQ だったといえます。EQ という表記を IQ という表記に対峙して使うことでイメージのしやすさを狙ったものと考えられます。そのゴールマンの書物が翻訳されて日本で出版された書名は『こころの知能指数』（Goleman, 1995／土屋訳, 1996）であり，感情知能という訳語は使われていません。これは，EQ を心に関する知能指数としてとらえた，つまり，EIQ（Emotional Intelligence Quotient）というイメージであったのではないかと推察できます。

　このように EI の研究がもとになって，EQ という表記が生まれ，そして社会に流布していきました。IQ よりもむしろ感情的知能や人格的知能のほうが高い予測力をもつこと（Michel, 2014; Snarey & Vaillant, 1985）などについては 3 節でふれた通りです。

　これ以降の表記については，EI と EQ を併用します。理由はこれから紹介する事例において使用された表記を尊重したいと考えているからです。この点はご理解ください。

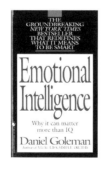 

▲図1-3　『*Emotional intelligence: Why it can matter more than IQ*』（Goleman, 1995）（左）と『*TIME*』（1995）（右）の各表紙

第 1 章　知能心理学への招待　19

▼表1-2 各研究者のEQの構成要素の提案

研究者名および発表年	EQの構成要素
サロヴェイ, P. & メイヤー, J.(1990年)	自分自身の情動の認識と表出・評価／自分自身の情動のコントロール／情動に関する情報の理解・分析／情動の思考活動への促進効果
ゴールマン, D.（1995年）	自分自身の情動の認識／自分自身の情動のコントロール／知的活動における情動のコントロール（動機づけ）／他者の情動の認識（共感）／他者の情動の受容（人間関係構築）
大村政男（1997年）	共感性／自己認知力／自己統率力／粘り強さ／柔軟性／楽観性
内山喜久雄（1997年）	スマートさ／自己洞察／主体的決断／自己動機づけ／楽観性／自己コントロール／愛他心／共感的理解／社会的スキル／社会的デフトネス
袰岩奈々（1997年）	自己認知力／粘り強さ／社会的器用さ／楽観性／衝動のコントロール力／共感力
クーパー, R. K. & サワフ, A.（1997年）	心の素養／心の適応力／心の深さと大きさ／心の錬金術

3．EQの構成要素

EQをわかりやすくするために，多くの研究者がEQの構成要素を提案しています。それらは，IQの構成要素として扱われていないものがほとんどでした。代表的なものを表1-2に記述します。

4．EQの中心的構成要素

各研究者に提案された構成要素の共通部分を整理してみると下記のようになります。

　　①自分の情動を知り，コントロールし，適切に表現する
　　②他者の情動や他者からの期待に気づき，適切に対応する
　　③柔軟で創造的な思考ができ，自分と他者を調和させて活かす，問題解決力や適応力があること
　　④主体性をもって前向きな姿勢で人や物事に積極的に関わること

さらにこれらの中心的な要素に絞り込むと下記のようになります。

　　①自分の情動に関して

▼表 1-3　心理学関連学会年次大会での研究発表および関連論文

研究者名および発表年	タイトル
内山（1997 年）	EQ　その潜在力の伸ばし方
クーパー, R. K. & サワフ, A. 堀田（訳）（1997 年）	ビジネスマン EQ
浮谷・大村（1998 年）	Emotional Intelligence（EI/EQ）についての研究
岡村・浮谷・外島・藤田（1998 年）	EQ 概念に関する基礎的研究
外島・岡村・浮谷・藤田（2000 年）	EQ 概念の因子的研究
藤田・岡村・浮谷・外島（2000 年）	EQ 概念に関する基礎的研究（II）
岡村・浮谷・外島・藤田（2000 年）	EQ 概念に関する基礎的研究
浮谷・岡村（2003 年）	EQ 測定のための基礎的研究―表情認識を用いた共感力測定―
浮谷・岡村（2003 年）	EQ 測定のための基礎的研究―顔写真をどんな情動と判断するか―
澤田（2005 年）	EQ を活かして「人間力」を高める
浮谷・岡村（2005 年）	EQ 測定のための基礎的研究―共感力と表情との関連―
浮谷・岡村（2006 年）	EQ 測定のための基礎的研究―表情認識と共感性との関係―

　　　知る／コントロールする／表現する
　　②他者の情動に関して
　　　知る／適切な対応をする

　EQ の構成要素を明らかにしようとする研究および EQ を活かそうとする研究が散見されます。心理学関連学会の年次大会での研究発表および関連論文を表 1-3 に紹介しておきます。

5. 日本での EQ の流布

　EQ を心理学系学会として取り上げたのは，日本感情心理学会です。年次大会で取り上げるとともにシンポジウムを開催し，広い視野から EQ の議論を始めました。
　それをきっかけに進められ，心理学関連学会で取り上げられた内容を紹介します。

　　①日本応用心理学会第 69 回大会（2002）
　　　（大会委員長：岡村一成　開催校：東京富士大学）

『EQ（EI）の測定と教育』というテーマで公開シンポジウムが開催されました。企画を岡村大会委員長，司会を浮谷秀一大会事務局長，話題提供者として相川充（東京学芸大学）『EQ概念と課題遂行型検査作成の試み』，後藤美智子（日本能率協会マネージメントセンター）『ビジネス界におけるEIの測定―受検者が納得できる測定とは―』，藤田主一（城西大学短期大学部）『通信教育でEQをアップさせる試み』，裵岩奈々（カウンセリングルーム　プリメイラ代表）『共感性を育てる教育―EQの考え方をベースにして―』，指定討論者が外島裕（日本大学）大村政男（文京学院大学）が登壇して幅広い議論がなされました。相川氏からは，EQ概念を明確にすること，自己評価式検査『EQIプロトタイプ』，メイヤーらのMSCEIT（Mayer-Salovey-Caruso Emotional Intelligence Test-scale），課題遂行型の検査を紹介されました。後藤氏からは，ビジネスパーソン向けのEI測定ツールの開発状況，藤田氏からは，通信教育という手段を使いながらEQを高めるにはどのようにしたらよいかについての解説がありました。裵岩氏からは，EQの構成要素といわれている共感性を各種教育場面に応用できるということが紹介されました。ここで紹介された内容は，実務という側面からと研究者という側面から解説がなされました。
（所属先は当時のもの）

②日本パーソナリティ心理学会第15回大会（旧日本性格心理学会）（2006）
　（大会委員長：浮谷秀一　開催校：東京富士大学）
『EQ（EI）テスト　現状と展望』という大会企画シンポジウムが開催されました。企画・司会を浮谷大会委員長，話題提供者として澤田富雄（モルゲン人材開発研究所所長），田辺康広（株式会社イー・キュー・ジャパン），内山喜久夫（筑波大学），藤原美智子（日本能率協会マネージメントセンター　アセスメント・リサーチセンター）が，指定討論者として大村政男（日本大学）が登壇しました。EQテストについてそれぞれの立場からEQテスト開発の現状が紹介されました。澤田氏からは『nEQ』を，田辺氏からは『EQI』を，内山氏からは『EQS』を，藤原氏からは『EIGate』の開発過程についてそれぞれ解説があり，各テストの今後の展望について語られました。これらの議論は，社会で成功するために必要な心理学の知識を科学的に測定することで貢献しようという姿勢がみられます。
（所属先は当時のもの）

EQ を教育に活かそうと試みたのが，芸能スクール／タレント育成／デビュー支援を手がけている TUA でした。目指したのが EMOTIONAL LEARNING（感情学習）であり，その中に「EQ（心の知能指数）学習で内面から人間を磨きます」というキャッチフレーズをかかげました。そこでの解説は，「当スクールは，日本で初めて EQ（心の知能指数）をレッスンに取り入れた芸能スクールです。通常レッスンにて技術を磨き，EQ レッスンにて内面を磨きます。一流になる為には，内面も美しい人間でないとなりません」とあります。俳優や歌手などのアーティストを養成するかたわら，EQ の講義を多く取り入れ，重要性を訴えるとともに EQ を活かすという活動をしています。

　通信教育という手段を用いて EQ の流布に貢献した例を紹介します。
　株式会社日本能率協会マネージメントセンターが「人間関係力グッとアップ講座」を展開しており，「自分の EI（エモーショナル・インテリジェンス）を知る〜知識編」は，Part1「人間関係と EI」，Part2「人と関わるときの自分の特徴を知る（診断結果の振り返り）」，Part3「自分を活かすための EI 活用法」という内容であり，「自分の EI（エモーショナル・インテリジェンス）を伸ばす〜実践編」は Part1「自己理解をさらに高める方法」，Part2「他者理解をさらに高める方法」，Part3「自他受容をさらに高める方法」，Part4「主体的関与をさらに高める方法」という内容でそれぞれ構成されており，通信教育という誰でも手軽に，そして社会で働いている人でも学ぶことができるように EQ 訓練を試みています。

　EQ を大学生の就職支援に応用している例を紹介します。
　EQ を前面に出して，大学生のサポートをしているのが学生 EQ センター（Student Emotional Intelligence Quotient）です。全国大学生活協同組合連合会　学びと成長事業協議会と，大学生協全国事務局との共同事業として『大学における EQ 活用研究フォーラム　EQ〜心の知能指数〜』を，大学生の学びと成長をどう支援できるかをテーマに継続的に開催しています。この事業は，前出のサロヴェイ，メイヤー両博士に監修を受けた日本で唯一の大学生向けの事業です。同時に両博士の監修で EQ 行動特性検査も完成させており，また両博士は来日して講演を行っています。この事業には日本での代表的な EQ 研究者である高山直氏，相川氏も関わりながら進められています。これ

まで開催された内容を紹介します。(いずれも所属先は当時のもの)

▲高山　直氏

①第1回 大学における EQ 活用研究フォーラム
　—EQ～こころの知能指数～は，大学生の学びと成長をどう支援できるのか？—
　(2012：龍谷大学　大宮キャンパス)
　【講演】なぜ EQ を鍛えた学生は社会で活躍できるか
　　EQ Global Alliance 代表　高山　直氏
　【事例報告①】若手社会人の現状と EQ
　　株式会社日立システムズ人財教育本部　三森朋宏氏
　【事例報告②】初年次教育における EQ の活用
　　信州大学学生支援課課長　金子　功氏

②第2回 大学における EQ 活用研究フォーラム
　—EQ～こころの知能指数～は，大学生の学びと成長をどう支援できるのか？—
　(2013：東京大学　駒場キャンパス)
　【講演】可愛がられる「EQ・新社会人」
　　EQ Global Alliance エグゼクティブマスター　高山　直氏
　【事例報告①】グローバル企業における EQ の活用
　　EQ Global Alliance
　【事例報告②】教育大学の集中講義における EQ の活用
　　北海道教育大学教授　玉井康之氏
　【事例報告③】工業大学のキャリア形成における EQ の活用
　　名古屋工業大学教授・キャリアサポートオフィス長　山下啓司氏

③第3回 大学における EQ 活用研究フォーラム
　—EQ～こころの知能指数～は，大学生の学びと成長をどう支援できるのか？—
　(2014：関西学院大学　西宮上ヶ原キャンパス)
　【講演】EQ で育てる「人に強い」大学生
　　EQ Global Alliance エグゼクティブマスター　高山　直氏
　【事例報告①】松山東雲女子大学正課授業における EQ の活用
　　松山東雲女子大学人文科学部心理子ども学科キャリア支援部　西村浩子氏
　【事例報告②】初年次教育における EQ の活用
　　九州工業大学工学研究院基礎科学研究系教授　中尾　基氏

④第 4 回 大学における EQ 活用研究フォーラム
　―EQ ～こころの知能指数～は，大学生の学びと成長をどう支援できるのか？―
（2015：早稲田大学　国際会議場）
【パネルディスカッション】EQ で育てる大学生の学びと成長の可能性
　北海道教育大学教授・副学長　玉井康之氏
　九州工業大学工学研究院教授学長特別補佐・PBL 教育推進室長
　中尾　基氏
　信州大学キャリアサポートセンター・学生支援課課長　金子　功氏
　EQ Global Alliance エグゼクティブマスター　高山　直氏

　第 5 回は，メイヤー氏とカルーソ氏の来日に合わせて開催され，相川氏（筑波大学）の司会によって進められました。

⑤来日記念特別フォーラム
　EQ でつなぐ大学教育と人材育成の未来
（2016：京都大学　吉田キャンパス）後援：経済産業省・文部科学省
【講演】EQ 理論の 25 年と新たな展開
　ニューハンプシャー大学教授　ジョン・メイヤー氏
【講演】グローバル企業における EQ の活用
　イェール大学学長特別補佐　デイビッド・カルーソ氏
【講演】EQ　感じる力の磨き方
　株式会社 EQ 取締役会長　高山　直氏

　この来日記念フォーラムでは，イェール大学学長のサロヴェイ氏（EQ 理論提唱者）からの『EQ 理論提唱者から日本の大学関係の皆様へ』というビデオメッセージで始まりました。その内容は，「EQ は，皆さん自身や他者の感情がもっている情報への感度を示すものだと考えています。EQ のスキルによって，皆さんはより良い友人，生徒，働き手になれるとともに，家族や社会のより良い一員となることができるのです」というものでした。
　その後，3 名の方から講演がありました。メイヤー氏（EQ 理論提唱者）からは，「EQ は人々の暮らしにおいて重要な要素であるということが広く認められています。EQ によって人はスキルを伸ばせることがわかっており，感情面はもちろん，学業成績でも，もっと一般

的な分野でも人生の目標を達成することに役立つことでしょう」という内容の講演がなされました。

　カルーソ氏は，グローバル企業におけるEQ普及の最先端を切り開いている立場から，EQ普及の現状と今後の展望が語られました。

　日本での活用・普及において貢献し，日本のビジネスシーンにおけるEQ活用の第一人者である高山氏の講演では，「やりたいことに出会い，夢に向かって努力し続ける人たちの"やる気"や"情熱"そして"志"を，私は応援します。人の能力，可能性は無限大です。学歴やIQ以上にEQ（＝感じる力）もまた夢の実現に必要な力です。EQは感動，情熱とともに，夢を実現する原動力となります。夢は見るより，叶えるもの。感じることで行動が変わり，習慣が変わり，人生が変わります。きっとそのとき，あなたの"夢"は叶っていることでしょう」という内容が語られました。

　総括的に語られたことは，「感情が行動に影響する」そして「感情をうまく管理し，利用することは知性である」とするEQ理論は世界中に一気に広がり，代表的なグローバル企業のランキングである「Fortune500」の8割の企業が，また日本でも1,000社を超える企業が，社員研修をはじめ何らかの形でEQを取り入れているといわれるほどであるということでした。

　⑥第6回 大学におけるEQ活用研究フォーラム
　　―EQ〜こころの知能指数〜は，大学生の学びと成長をどう支援できるのか？―
　（2017：東京海洋大学　品川キャンパス）
　【講演】EQが必要とされる時代
　　　株式会社EQ取締役会長・EQエグゼクティブマスター　高山　直氏
　【講演】マインドフルネスとEQ
　　　筑波大学人間系教授　相川　充氏
　【事例報告①】大学における正課活用のねらいと効果に関する報告
　　　静岡大学准教授　生源寺　類氏
　【事例報告②】2年生の必須授業におけるSEQの活用について
　　　徳島大学特任講師　畠　一樹氏
　【事例報告③】海外インターンシップの前後における活用事例の報告
　　大学生協関西北陸事業連合キャリア形成支援事業部次長　松田高広氏

⑦第 7 回 大学における EQ 活用研究フォーラム
　―EQ～こころの知能指数～は，大学生の学びと成長をどう支援できるのか？―
（2018：京都教育大学）
　【講演】本当のかしこさとは何か：大学における EQ 教育の実践例を
　　　　　中心として
　　　京都女子大学発達教育学部教育学科心理学専攻教授　箱田裕司氏
　　　徳山大学福祉情報学部人間コミュニケーション学科准教授　小松
　　　左穂子氏
　【事例報告①】EQ に基づく学生の成長支援の枠組み
　　～大学院特別教育プログラムを事例として～
　　　海洋研究開発機構調査役　島村道代氏
　　　北海道大学高等教育推進機構特任助教　今井匠太朗氏
　　　大学生協東京事業所　寺澤一彦氏
　【事例報告②】共通言語としての SEQ
　　～SEQ を基軸とした「出発サポートプログラム」と，学生の成長～
　　　大阪府立大学生協職員　宮下直人氏
　　　大阪府立大学学生「出発サポートプログラム」学生サポーター
　【事例報告③】政府も動き出した EQ の導入
　　～EQ を活用した社会人基礎力を企業人へ～
　　　キャプラン株式会社　臼井秀光氏

　その他，性格検査において測定されている因子の中に EI が抜けていたことはいくつかの研究で明らかになっています。その点も今後考えていかなければならない課題といえます。

第2章 人工知能

1節　はじめに

　本章では人工知能について解説します。人工知能について最近はほぼ毎日報道されるようになりました。マスメディアは騒ぎすぎのようにみえますが，それでも次のような事柄は大きく取り上げられたようです。

①音声認識や画像認識で人間の認識能力を超えた（2015年）
②囲碁やテレビゲームを解くプログラムが人間の世界チャンピオンを破った（2016年）
③自動翻訳の性能が格段に向上した（2016年）
④フェイク画像，フェイクニュースを生成する人工知能が話題となった（2017年）
⑤フェイク動画が話題となった（2018年）
⑥自然言語処理でも人間の成績を上回った（2018年）

　これらの報道をはじめとして多くの関連する報道がなされています。加えて自動運転がもうすぐ実現するとか，人工知能が人間の仕事を奪うといった人工知能脅威論まで聞こえてくるようになりました。この章の目的は巷に溢れる報道に惑わされることなく，どのようなことが起こっているのかを考える材料を提供することを目指しています。

ではなぜ，毎日のように人工知能関連の報道を見聞きするようになったのでしょうか。最初にこのことについて考えてみましょう。
　ある人，もの，出来事，製品の出現によって，既存の考え方，慣習，規則，常識が一変してしまう劇的な変化が起こることを，英語ではゲームチェンジャー（game changer）といったりします。人工知能におけるゲームチェンジャーを1つだけあげるとすれば，「畳み込みニューラルネットワーク」(Convolutional Neural Networks：以下，CNN)です。本章4節ではCNNを簡単に説明してあります。
　本章は次のような構成になっています。最初に知的であるとはどういうことかを改めて問い直すことから始めます（2節）。続く3節では人工知能の歴史を簡単にまとめています。4節ではゲームチェンジャーであるCNNの詳しい解説を試みました。5節では3つのニューラルネットワーク手法を示してあります。最後の6節では人工知能の意味を筆者なりに考えて結果を記してあります。

2節　知能とは何か

1. 人工知能研究

　何をもって知的であるとするかは，知能の定義が定まっていない以上決めようがありません。知能検査で測定された数値が知能であるとする考え方もあります。ですが，その考え方では，知能検査で測ることができない知能は存在しないかのような錯覚を引き起こしてしまいます。このとき，もしある考えに基づいた知能が本当の知能を説明し尽くしているのであれば，その考えに沿って実際に作ってみることができるだろうという考え方があります。実際に作ってみることで，その考えが正しいかどうかを試すことができるからです。このような方法を「構成論的アプローチ」とよびます（谷口，2014）。ある考えが間違っているのであれば正しく動作しないでしょうし，正しければ正しく動作するはずです。構成論的アプローチの良いところは，枝葉末節の細かい枝葉にこだわらず，全体が俯瞰できることです。私たちは，断片的な知識を積み重ねても全体像が見えないことがあります。これに対して構成論的アプローチは動作する全体像を考える必要があるので全体像を見失うことが少ないといえるでしょう。一方で，未だよく

わかっていない部分は類推して作る必要があるので，全体として動作するにしても細部は実体とかけ離れている場合もありえます。構成論的アプローチの対極にある方法を「分析的アプローチ」とよび，心理実験や生理学的実験の多くがこのアプローチに該当します。どちらかのアプローチだけが正しいというわけでなく，どちらのアプローチも必要なのだと理解してよいでしょう。したがって人工知能の研究とは知的なふるまいを実際に作って実証してみるという意味で知能の構成論的アプローチであり，人間知能を扱う心理学で明らかとなった知見をコンピュータやロボットの上に実現する研究でもあります。この意味では人工知能と人間知能の心理学とは重複する領域であるということができます。

多少話が前後しましたが，人工知能の反対の概念を自然知能（natural intelligence）とよびます。人間を含めて生物のもつ知的なふるまいを自然知能とよび，自然知能を模倣しようとする試みを人工知能とよびます。人工知能を実現するためにはコンピュータが必要です。ですから人工知能研究の歴史は，最も長くとらえたとしてもコンピュータの歴史と同じということになります。以下に，コンピュータに人間のようにふるまわせることを考えた最初の研究者であるチューリング（Turing, A.）が考えたことを紹介します。

2．知的であるとはどういうことか―チューリングテスト―

ある機械が知的なふるまいをすることを測る方法に，チューリングテストがあります（図2-1）。チューリングは「機械は考えることができるか？」という問いを考えました（Turing, 1936）。

60年以上前にチューリングが考えたチューリングテストは，現在でも形を変えて用いられることがあります。人工知能の歴史は，チューリングテストに合格するコンピュータプログラムを作る努力であるともいえます。チューリングテストを人工知能最古の歴史だとする考え方もありますが，人間の脳を模倣する試みや，脳の働きを数式として表現する研究，人間の代わりをする江戸時代のからくり人形を含めたロボットを考えれば，これらのほうが人工知能の研究より歴史が古いともいえます。また，人間の脳，ロボット，人工知能の3者を結びつけて考える研究者もいます。ロボットが自立して動くためには周囲

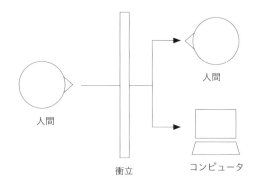

▲図 2-1　チューリングテストの模式図（Turing, 1936 をもとに作成）

の状況を正しく認識する必要があり，そのためには物体認識や音声認識などをロボットが行える必要があるからです。物体認識や音声認識は人工知能の一分野とも考えられますが，そのためには人間の物体認識や音声認識の仕組みを知る必要があります。このように人間の脳，ロボット，人工知能は関連します。ですが，本書は知能に関する本ですので，ロボットの話題は軽くふれるだけにとどめます。

3 節　人工知能の歴史

　本節では，人工知能の歴史を概説します。人工知能を大きく区分すると，ニューラルネットワーク系と記号処理系になりますが，現在までにそれぞれ 3 回の流行がありました。人工知能研究の歴史を理解するにはこの 3 回の流行でどのようなことが起こったのかを知る必要があります。

　人工知能の教科書を紐解くと，人工知能という言葉が初めて用いられたのは，1956 年にアメリカのニューハンプシャー州にあるダートマス大学で開催されたダートマス会議であると書かれています。ですがそれ以前にもチューリングの研究はありましたし，前述したように，日本のからくり人形まで含めれば，機械や人形に知的なふるまいをさせる試みはずっと以前から存在しました。

　ダートマス会議では人工知能が取り組むべき 7 つの問題を列挙し

ています*。

 ①コンピュータの自動化（Automatic Computers）
 ②日常言語を用いたコンピュータプログラミング（How Can a Computer be Programmed to Use a Language）
 ③ニューラルネットワーク（Neuron Nets）
 ④計算規模の理論（Theory of the Size of a Calculation）
 ⑤自己改善（Self-Improvement）
 ⑥抽象化（Abstractions）
 ⑦乱雑さと創造性（Randomness and Creativity）

　ここで取り組むべき問題としてあげられた7つの項目は，あらかじめ定められた課題だけしか扱うことができないような融通の効かない機械にはできない課題ばかりです。言い換えると，人間のように柔軟に状況に対応することが人工知能に求められた課題であるということができます。
　前述したように，人工知能研究には2つの大きな流れがあります。1つは脳がニューロンを基本単位としたネットワークであることから，ニューロンのネットワークを模倣しようとする試みで「ニューラルネットワーク」研究です。もう1つは，「記号処理」に基づく人工知能研究です。抽象的な記号を操る能力は，人間が保持する他の動物種とは異なる特徴の1つでしょう。私たち人間は言語や数学など高度な記号処理体系をもっていることから，これらの処理能力をコンピュータ上に実現しようという記号処理に特化した人工知能の分野が，記号処理系の人工知能研究です。

1. 第一次ブーム

　記号処理系の人工知能ブームは先のダートマス会議が出発点となりました。一方で，ニューラルネットワーク系の研究は，「パーセプトロン」（perceptron）が出発点でした。パーセプトロンとは"知覚するもの"あるいは"知覚する装置"といった意味の言葉です。図2-2

---

* A Proposal for the Dartmouth Summer Research Project on Artificial Intelligence
 http://www-formal.stanford.edu/jmc/history/dartmouth/dartmouth.html

にパーセプトロンの概念図を示しました。

図 2-2 の左側にある入力画像からニューロンの連絡を介して右側へと信号が伝達されます。脳の神経細胞が電気的な信号のやりとりをしています。1 つ 1 つのニューロンは活動するか，または活動しないかのどちらかです。パーセプトロンはこのようなニューロンの活動を模倣した人工ニューラルネットワークでした。図中の φ_1，φ_2，φ_n がニューロン間の結合の強さを表しています。ニューロン間の結合の強さが変化することによって，経験を通して入力画像を認識するようになります。なお，ニューロンの結合は左から右へと一方向だけしかありません。このようなニューラルネットワークをフィードフォワード型のニューラルネットワークとよびます。パーセプトロンは経験を通して学習する能力をもっており，パーセプトロンにおける学習とは φ の値が変化することを指します。しかし，学習する部分が φ 一箇所のため，学習できる内容，すなわち画像の識別能力には限界がありました。この学習能力の限界のために第一次ブームは下火になります。

一方の記号処理系の人工知能ブームとしては，サー・アーサー・サミュエル（Sir Arthur Samuel）によるチェッカーとよばれるボードゲーム（図 2-3）を解く人工知能プログラムがあげられます。

チェッカーのようなボードゲームは，自分の手番で選択可能な手に対し，それに応じた対戦相手の選択可能な手が決まります。このように考えれば，ゲーム開始時点を初期状態として，交互に駒を動かしていくことになります。自駒の動きが複数手選択可能ならば，どの分岐を選択するかが勝負を左右することになります。すると対戦相手も同様に分岐を選択することになるので，ゲーム全体を，可能な選択肢を

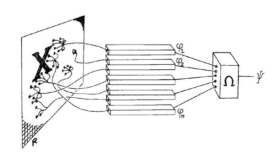

▲図 2-2　パーセプトロンの概念図（Minsky & Papert, 1988）

上から下へ向かう木のように表現することができます。

チェッカーに代表されるようなボードゲームは図2-4のように木を探索することと同じ意味です。木で表された選択肢のうち，どの選択肢を選ぶと勝ちにつながるのかがその局面での評価になります。図では正負の値によって評価の良し悪しが表現されています。その都度の局面で，最終的に最大の値を得られる選択肢を選ぶことが勝利につながります。

木が深く（選択肢が多く）なると探索が大変になります。したがってチェッカーよりも選択可能な手数の多いチェス，将棋，囲碁などは当時のコンピュータでは解くことができませんでした。

▲図2-3　ボードゲーム チェッカー

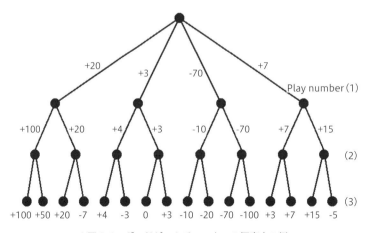
▲図2-4　ボードゲームチェッカーの探索木の例

2. 第二次ブーム

　第二次ブームは，ニューラルネットワーク系，記号処理系ともに1980年代になります。

　ニューラルネットワーク系については，パーセプトロンの学習能力の限界を乗り越える手法が提案されたことからブームが始まります。パーセプトロンはニューロン間の結合をさかのぼって更新（学習）することができなかったので，単層のニューラルネットワークでした。そこで誤差逆伝播法（バックプロパゲーション）とよばれる方法が提案されたことにより，パーセプトロンがもっていた能力の限界を超えることが可能となりました（Rumelhart et al., 1986）。

　記号処理系の人工知能ではこの時代，専門家の知識を表現したエキスパートシステムとよばれるシステムが代表的です。コンピュータの処理能力の進歩にともない，専門家の知識をルールの集まりとして表現し，専門家の知識を肩代わりしようとする試みがなされました。またコンピュータの処理能力の進歩は，チェッカーよりも探索木が大きくなるチェスでも世界チャンピオンに肩を並べるまでになりました。

　ところが，ニューラルネットワーク系では誤差逆伝播法よりも数学的に洗練されているサポートベクターマシン（Vapnik, 1995）が提案されたこと，また記号処理系ではエキスパートシステムが専門家の知識を引き出すために労力を要することなどの理由によりブームは去り，二度目の冬を迎えました。

　この時代，ニューラルネットワーク系，記号処理系の両者ともコンピュータの処理能力の進歩の恩恵を受けたといえます。ですが，今日の私たちからみれば，当時のコンピュータの処理能力はこの時代の研究の限界も示していたことになります。当時のコンピュータの処理能力は，今日のスマートフォンに劣るほどであったため，応用範囲が限定されていたといえます。

3. 第三次ブーム

　21世紀に入ると記号処理系の人工知能研究は，確率的，統計的な処理を視野に入れ発展してきました。最も大きな事件としては，コンピュータ処理能力向上と処理容量拡大により大規模で実用的な問題を

解くことが可能になってきたことがあげられます。この間，大規模で実用的な問題を解くための工夫が提案され蓄積されてきましたが，2009年から始まった大規模画像認識コンテスト（通称，イメージネット）で，2012年には1節で紹介したCNNを用いたカナダ・トロント大学のチームが，能力比較においてニューラルネットワーク系のサポートベクトルマシンの認識性能を10%以上引き離して優勝したことで耳目を集めました（Krizhevsky et al., 2012）。

図2-5はイメージネットコンテストの成績を示しています。

横軸は開催年度で，縦軸はその年の優勝チームの成績を表しています。そこでの課題は，およそ130万枚の画像を1,000種類のカテゴリに分類するというものですが，その成績は，参加チームそれぞれが設計したモデルが予測するカテゴリの上位5つの中に，正解が含まれているか否かで競われます。図では正解ではなく間違えた割合を示してあるので，棒グラフが短い，あるいは小さいほど成績が良かったことを表しています。130万枚の画像の中には紛らわしい画像が含まれているので，たとえ人間であっても100%正解はできません。ちなみに人間の場合，5%強は間違うようです。ところが2015年の優勝チーム（マイクロソフトアジア研究所のチーム）は，人間の誤り率よりも低い値を叩き出しました（He et al., 2015）。2016年に入ってからは，他のモデルも人間を超える性能が得られたと報告しています。

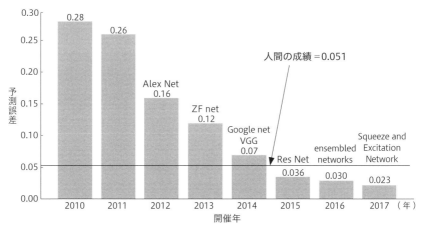

▲図2-5　イメージネットコンテスト優勝チームの成績の変化（浅川，2016a）

すなわちイメージネットの成績をみる限り，コンピュータの認識性能は人間を超えたといってよいでしょう。この結果は世界的な衝撃を与えました。

やや専門的な話になりますが，技術的には，中間層を多層化する工夫が実用化されてきたため，認識精度が飛躍的に向上しました。第一次ブームのパーセプトロンでは，学習が最上位のニューロンとその直下のニューロンとの間の結合だけに限定されていたのに対して，第二次ブームの誤差逆伝播法では，さらにその下位に位置するニューロン間の結合についても学習することができました。そして第三次ブームのニューラルネットワークは，さらに深い層のニューロン間の結合についても効率よく学習する工夫がなされていました。

CNN の特徴として，次の 7 つをあげることができます。

①非線形活性化関数（non-linear activation functions）
②畳み込み演算（convolutional operation）
③プーリング処理（pooling）
④データ拡張（data augmentation）
⑤バッチ正規化（batch normalization）
⑥ショートカット（shortcut）
⑦ GPU の使用

この 7 つの特徴を説明するのは専門的になりすぎるので省略しますが，1 つだけ説明すると，最後の GPU とは高解像度でしかも処理速度を必要とするパソコンゲームで用いられるグラフィックボードのことです。これは詳細な画像を高速に画面に表示する必要から開発されたグラフィックボードですが，大規模なニュールネットワークの計算でも用いられる数学的基盤は同じです。そのため，ゲーム用に開発されたグラフィックボードがニューラルネットワークにも用いられるようになりました。

図 2-6 は画像認識の性能向上の例を示しています。

その後，画像認識だけでなく，音声認識，記号処理でも深層化したニューラルネットワークが用いられ性能の向上が報告されています。その 1 例が ATARI のゲームを解く DQN とよばれるニューラルネッ

▲図 2-6　CNN はエスキモー犬とシベリアンハスキーとを区別できる

トワークの一種です．DQN は複数のゲームを解く際に人間が個別にルールを与えて学習させるものではありません．CNN による画像認識能力を活用しているため画面の入力は同じですが，「強化学習」とよばれる手法で高得点を得るためのボタンやジョイスティックの動きを学習することで，ゲームによっては人間を上回る成績を示しました．図 2-7 にその結果を示します．図では 1 行に 1 つのゲームの成績が示されています．最も上達した最上行のピンボールでは人間の成績の 2359 ％，2 つ下のブロック崩し（breakout）でも人間の成績の 1327％となっています．

　DQN のノウハウを活かしてチェスよりも選択肢数が多い囲碁に挑んだのが，グーグル傘下のスタートアップチームであるディープマインド社が開発した「アルファ碁」（図 2-8）でした．

　アルファ碁は囲碁の世界チャンピオンを破っただけでなくその後も進歩を続けています．囲碁のプロの対戦棋譜から学習していますが，棋譜の足りないところは自らのセルフプレイによって学習します．その結果，囲碁の定石が覆ることさえ起こっているようです．

　同時期にグーグルの機械翻訳の精度が向上し話題となりました．このことは記号処理系の人工知能にもニューラルネットワーク系の成果が影響を及ぼしていることを示しています．第三次ブームは，記号処理系の成果以上にニューラルネットワーク系の性能向上が貢献しているといえます．

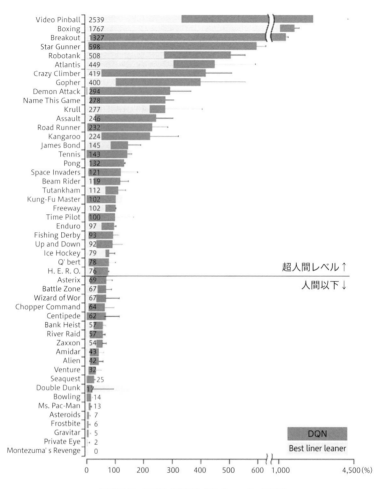

▲図 2-7　DQN の結果（Mnih et al., 2015）

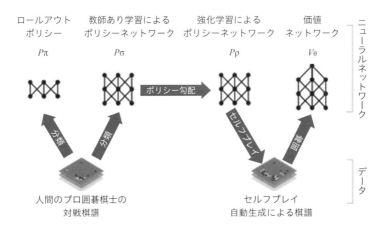

▲図2-8 アルファ碁 (Silver et al., 2016)

4節 畳み込みニューラルネットワーク（CNN）とは何か

　本節では深層学習，特にCNNとよばれるニューラルネットワークについて解説します。

　前節では，画像処理の概略を述べるCNNが，それまで主流であった従来の手法の性能を凌駕したことを述べました。CNNの特徴の1つに「エンドツーエンド」とよばれる考え方があります。エンドツーエンドとは，従来の手法によるパターン認識システムのような，画像処理の専門家による手の込んだ詳細な作り込みを必要としていたこととは異なり，面倒な作り込みをせずとも性能が向上したことを指します。

　エンドツーエンドなニューラルネットワークにより，次のことが実現しました。

- ニューラルネットワークの層ごとに，特徴抽出が行われ，抽出された特徴がより高次の層へと伝達される
- ニューラルネットワークの各層では，比較的単純な特徴から次第に複雑な特徴へと段階的に変化する
- 高次層にみられる特徴は低次層の特徴より大域的，普遍的である
- 高次層のニューロンは，低次層で抽出された特徴を共有している

このことを簡単に説明してみます。

私たち人間は，外界を認識するために必要な計算を，生物種としての発生の過程と，個人の発達を通しての経験に基づく認識システムによって保持しているととらえることができます。つまり私たちの視覚認識は，化石時代に始まる光の受容器としての眼の進化の歴史と，発達を通じた個人の視覚経験が反映された結果でもあります。人工知能の目標は，この複雑な特徴検出過程をどうやったらコンピュータが獲得できるかということでもあります。外界を認識するために今日まで考案されてきたモデル（たとえばニューラルネットワークやサポートベクターマシンなど）は複雑です。ですがモデルを訓練するための学習方法はそれほど難しくありません。この意味で画像認識課題が正しく動作するためのポイントは，認識システムが問題を解く事が可能なほど複雑であるかどうかではなく，十分に複雑な視覚環境，すなわち画像認識の場合，外部の環境を反映するために十分な量の画像データを用意することができるか否かにあります。今日のCNNによる画像認識性能の向上は，簡単な計算方法を用いて複雑な外部環境に適応できる認識システムを構築する方法を確立したからであるといえるでしょう。

図2-9に画像処理の例をあげます。ここでは入力画像がネコであるか否かを判断するものとしました。私たちはネコの画像を瞬時に判断できます。ですが画像認識の難しさは，入力画像が図中に示されているように入力信号の数字の集まりでしかないことです。このようなデータを何度も経験することで，ネコを識別できるようにする必要があります。

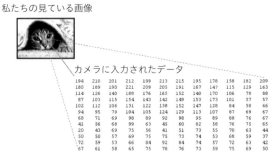

▲図 2-9　私たちの見ている画像は数値の列としてデータ化される

図2-9に示したように，コンピュータに入力される画像は数字の塊に過ぎません。

　状況ごとにとるべき操作を命令として逐一コンピュータに指示する手順の集まりのことをコンピュータプログラムとよびます。人間がコンピュータに与えることができる操作や命令によって画像認識システムを作る場合，命令そのものが膨大になったり，そもそも説明することが難しかったりします。たとえば，「お母さんを思い浮かべてください」と言われれば誰でも，それぞれ異なるイメージであれ母親の姿を思い浮かべることができます。また，提示された画像が自分の母親のものであるか，別の女性であるかの判断は人間であれば簡単です。ところがコンピュータには難しい課題となります。加えて母親の特徴をコンピュータに理解できる命令としてプログラムすることも難しい課題です。つまり自分の母親の特徴を曖昧な言葉ではなく，明確に説明するととても難しい課題となります。というのは，女性の顔写真であればどの写真も似ているといえるからです。顔の造形や輪郭，髪の位置などはどの画像も類似していることでしょう。ところがコンピュータにはこの似ている，似ていないの区別が難しいのです。

　加えて，仮に同一のネコの画像であっても，被写体の向き，視線の方向，光源の位置などの撮影条件が異なれば画像としては異なります。図2-10に示したように入力画像の中の特定の値だけを調べてみても，

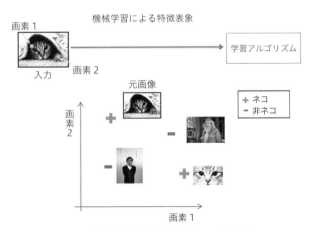

▲図2-10　数値列から画像を理解することは難しい

入力画像がネコであるか，そうではないかを判断することは難しい課題になります。

現在の画像認識では，特定の画素の情報に依存せずに，入力画像がもっている特徴をとらえるように設計されます。たとえば，ネコを認識するために必要なことは，ネコに特徴的な「ネコ目」や「ネコ足」を検出することであると考えます。入力画像から，ネコのもつ特徴を抽出することができれば，それらの特徴をもっている入力画像はネコであると判断してよいことになります（図2-11）。

図2-12は，音声認識と画像認識の両分野においてCNNが用いられる以前の従来手法をまとめたものです。

図2-12のような従来手法に対して，CNNではエンドツーエンドな特徴抽出を多層多段に重ねることによって複雑な特徴を抽出(検出)しようとしています（図2-13）。

コンピュータにはネコ目特徴検出器，ネコ足特徴検出器は備わっていません。そこで画像認識研究では，画像の統計的性質に基づいて特徴検出器を算出する方法を探す努力が行われてきました。しかし，コンピュータにネコ目特徴やネコ足特徴を教えるのは容易なことではありません。このことは画像処理の分野だけに限りません。音声認識でも言語情報処理でもそれぞれの特徴器を1つ1つ定義し，チューニングするのは時間がかかり，専門的な知識も必要で困難な作業でした。

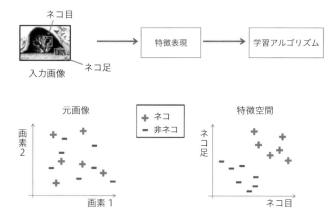

▲図2-11　適切な特徴抽出ができればネコ目特徴とネコ足特徴が同時に高い値となる画像はネコと認識してよい可能性が高まる

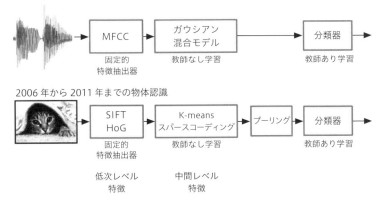

▲図 2-12　従来主流であったパターン認識システムの構成

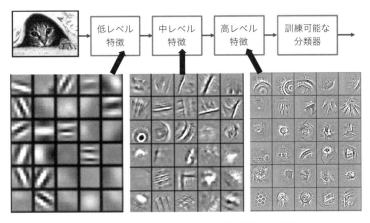

▲図 2-13　非線形特徴変換を多数回繰り返した学習器を深層学習（ディープラーニング）という

　まとめると，1950 年代後半以降は，固定的，手工芸的特徴抽出器と学習可能な分類器を用いた認識システムを作ることが試みられてきたといえます。これに対して CNN が主流となった現在は，エンドツーエンドで学習可能な特徴抽出器を多数重ね合わせることで性能が向上しました。

　夢のような話が続きましたが，本節の最後に，逆に CNN は簡単に

"panda"
57.7% confidence

sign($\nabla_x J(\boldsymbol{\theta}, \boldsymbol{x}, y)$)
"nematode"
8.2% confidence

$\boldsymbol{x} +$
$\epsilon\text{sign}(\nabla_x J(\boldsymbol{\theta}, \boldsymbol{x}, y))$
"gibbon"
99.3 % confidence

▲図2-14　パンダの画像に0.7％の雑音を乗せるとテナガザルと認識してしまう例（Goodfellow et al., 2014）

騙すことができる例をあげておきます。（図2-14）。この図では，左の画像が入力画像で，CNNは確信度57.7％でパンダであると認識しました。ところがこの画像に0.007だけ意味のない画像（図中央）を加えた画像(図右)をCNNは99.3％の確信度でテナガザル(gibbon)と判断しました。ここではその仕組みについて詳しくふれることはしませんが「敵対的学習」とよぶ訓練手法を説明する際に用いられた例です（Goodfellow et al., 2014）。

　この例からもわかることは以下のようにまとめられるでしょう。すなわち，人間の脳を模したニューラルネットワークであるCNNが，イメージネットにおいて人間の認識性能を超えたと報道されました。ですが，人間の視覚認識を完全に実現したと考えるのは早計で，解くべき課題は未だ多数あるということです。この状況は，音声認識や言語情報処理でも同様であるといえます。

5節　人工知能の現状

　前節ではCNNの多層化と表現について説明しました。本節ではCNNに留まらず，広く最近の人工知能研究の傾向をとらえることを試みます。

　用いられているアルゴリズムから分類すると次の3つが代表的です。

　①畳み込みニューラルネットワーク（CNN）
　②リカレントニューラルネットワーク（RNN）
　③強化学習（RL）

以下では簡単にそれぞれを説明してみました。

1. 畳み込みニューラルネットワーク（CNN）

　CNN は近年，画像認識や音声認識で急激な性能向上をもたらしました。3 節でも述べたようにニューラルネットワークとは，人間の脳のふるまい（神経回路）を模した計算モデルを指します。現在の第三次人工知能ブームの火付け役となったのは深層学習（ディープラーニング）という機械学習の手法ですが，ここで用いられているモデルがニューラルネットワークであり，ニューラルネットワークの中間層を多層化したモデルのことを深層学習といったりします。

2. リカレントニューラルネットワーク（RNN）

　RNN とは，時間的な変化や順序といった系列情報を扱うニューラルネットワークモデルです。このため音声認識，自然言語処理，ロボットの生成制御などに用いられています。時々刻々変化するデータを扱うには，それまでに処理されたデータの系列を文脈として保持しておく必要があります。最近では，データ系列の長期的な保持の目的などで性能が高い RNN を拡張した長短期記憶モデル（Long short-term memory: LSTM）を用いる場合が多いです（Hochreiter & Schmidhuber, 1997）。

　応用事例としては，最近マイクロソフトが開発した女子高生人工知能「りんな」の対話生成アルゴリズムが有名です。あたかも LINE で女子高生と会話しているかのようなコミュニケーションができることで話題になりました。

　そのほかにも自動翻訳，画像と文章との相互変換（画像を入力するとその画像を説明する文章を生成する，逆にある文章を与えると対応する画像を生成する）などがあります。RNN を用いた技術は他の従来手法の性能を上回り，現時点での最高性能と認められています。

　現段階で，人間が書いた文なのかコンピュータが生成した文なのか区別がつかない場合すらあります。これを指して，新たなチューリングテスト（あるいはチューリングチャレンジ，人間が書いた文かコンピュータが生成した文かが見分けがつかなければ，もはやコンピュータに知性が宿っているといってもいいだろうという考え方）といったりもします。

3. 強化学習（RL）

3つめは「強化学習」です。強化学習という言葉は古い言葉ですが機械学習の文脈では，環境とその環境におかれた動作主（エージェント，もしくはロボットシステムといったりします）が，環境と相互作用しながらより良い行動を形成するためのモデルです。動作主は，環境から受けとった現在の状態を分析して，次にとるべき行動を選択します。このとき将来にわたって報酬が最大となるような行動を学習する手法の1つです。

3節でふれましたが，2015年には，グーグル傘下のディープマインド社が開発した囲碁プログラム「アルファ碁」が，プロ棋士の世界チャンピオンであるイ・セドル氏に勝利し話題になりました。アルファ碁は強化学習を基本技術の1つとして用いています。

6節　人工知能の影響

ここまでは人工知能研究について説明してきました。本章の最後となる本節では，人工知能にまつわる社会的，経済的な話題にふれておきます。

1. 人工知能が仕事を奪う？

人工知能の問題でよく取り上げられる問題の1つに「トロッコ問題」があります。たとえば将来，汎用人工知能が登場して生き残れる産業とそうでない産業が生まれてしまうと仮定します。その場合，どちらかの産業を活かして他方は捨てる，あるいは犠牲にしなければいけないジレンマが生じるという問題です。

もう1つ，技術的な部分として「人工知能が望ましくない判断をしたときに止められるのか？」という問題もあります。ある意識調査で自動運転車に緊急停止ボタン（キルスイッチ）は必要か？」とアンケートをとったところ，必要だという人がほとんどだったそうです。実際には，グーグルの自動運転技術は人間が運転するよりも安全になっています。ですが，いざというときに人間が制御できないというのは怖いですから，そのような結果になったのでしょう。

グーグルの発表＊によると，人工知能はすでにキルスイッチの無効化を学習できます。そのため，人工知能の暴走を防ぐには臨時割込判断を導入する必要があるといわれています。
　人工知能が反抗しないように，かつ臨時割込診断による仕事の効率低下などの負の効果を最小化するよう計画する必要があります。しかし，もし人工知能がこの計画を知っていたら，当然，その裏をかくようにふるまうと予想できます。人工知能が臨時割込判断のときだけ人間を騙すようになったとしたらどうすればよいのでしょう。これから考えていかなくてはいけない技術的課題です。
　これに関連しますが，哲学者ボストロム（Bostrom, N.）は著書『スーパーインテリジェンス』の中で次のように書いています（Bostrom, 2014）。

> 現在のゴリラの運命は，ゴリラ自身以上に人類に依存している。我々人類の運命もいずれ機械（超知能）に依存するようになるだろう。つまり，ゴリラの運命を人間が操っていることにゴリラ自身が気づいていないように，超知能も我々に気づかせないようにする。

2. 人工知能とこれからの仕事

　『人工知能の利点とリスク』＊＊ と題する興味深い論考が日本語に訳されました。平易な訳になっていますので目を通してみるとよいでしょう。そこには人工知能がもたらすであろう将来について，恐れる必要もなければ楽観視する必要もないことが書かれています。ですが残念なことに，この日本語訳には十分に根拠が示されていない箇所があります。必要な場合には，そのような主張の根拠は，元となる背景，議論を追いかけることができなければ，いかにもっともらしい主張であっても，単なる扇動に過ぎません。この日本語訳は主張の根拠や証拠を追いかけることができないという意味で残念な内容ですが，原文の英語のほうには根拠，証拠，参考となる情報を追いかけることができるように配慮されています。重要な情報とは，このように必要であれば読者がその根拠や背景となるデータを追いかけることができる必

＊　http://www.wired.co.uk/article/google-red-button-killswitch-artificial-intelligence
＊＊　http://futureoflife.org/background/benefits-risks-artificial-intelligence-japanese/

要があるのですが，残念ながら多くのメディア（インターネットメディアに限らず，マスメディアも同様です）は，その根拠を明示することなく曖昧な情報を流しています。人工知能に関する情報もまったく同様で，不安を煽るような記事やニュース，乗り遅れると大変だとか，機械が仕事を奪うというような衝撃的な内容を掲載しています。最低限の判断基準として，根拠が提示されているか，論説の証拠や根拠を追いかけるための情報が示されていないニュースやサイトの情報は鵜呑みにしないという態度が必要でしょう。悪質なまとめサイトや流言蜚語に惑わされることなく，人工知能を正しく理解し，正しく活用できるようになってこそ私たちの生活は豊かになることでしょう。

　人工知能は第四次産業革命ともよばれます。それ以前の産業革命は，農村から都市部への人口流入，および1次，2次，3次産業に従事する人口構成の比率が変化したという社会構造の変化をともないました。本章で示した人工知能技術により，かつての産業革命にともなって起こった社会構造の変化に比肩する変化を引き起こす可能性があるでしょう。たとえば，本章の冒頭でも述べた人工知能脅威論は，人工知能が人間の職を奪うという恐れからです。しかし，いわゆる3K（きつい・きたない・危険な）の職業はむしろ人工知能を含む技術によって取って代わられたほうが，人間らしい生活を送ることができるともいえるでしょう。自動運転についても同様の議論が当てはまると考えられます。人間による自動車の運転には，人間特有の限界があるからです。人間の運転では，どうしても注意が一点に集中してしまう傾向があるために，児童の飛び出しなどの突発的な緊急の事態に対処しきれない状況が想定できるからです。

　人間の注意の焦点が一点に集中する傾向があることを，人工知能はあらかじめ予測し，危険を回避することが可能になるとも予想されます。そうすると，むしろ自動運転のほうが安全で好ましいとさえいえるでしょう。このときに社会全体として考えなければならないことは，それでも交通事故が発生した場合に，その責任を誰に帰すのかという，法律的，社会的，あるいは道徳的，倫理的な問題になります。このような問題は人工知能研究者だけで解決するものではなく，社会を構成するすべての人々が議論して解決しなければならない問題であるとも考えます。

人工知能の進歩にともなう社会構造の変化は，現在と異なる新しい職業を創り出す可能性があり，今現在私たちがもっている常識や価値観が変化するものと予想されます。職業の選択や仕事の価値観にも大きな変化が予想されることから，私たちのもつ知能には，このような人工知能の進歩に対処するための柔軟さが求められることになるだろうと考えます。

第3章
知能と仕事

　知能理論や知能観は知能検査として形を変えることで，その測定が可能になりました。この章では，まず知能の測定器具である知能検査について述べ，その後に測定が可能になった知能が，どのような現場で，どういった職種の人によって，何を目的として利用されているのか，今後の動向も含め教育・福祉・医療の3つの領域に分けて紹介します。

1節　知能検査

1. 知能検査の誕生

　最初の知能検査は1905年にフランスの心理学者ビネー(Binet, A.)と精神科医シモン（Simon, T.）によって開発されました。革命後のフランスでは，階級をなくして，公立初等教育の無償化や初等教育の義務化といった新しい法制度が次々と成立しました。その結果，すべての子どもが学校へ通うようになりましたが，学校での勉強についていけない子どもの存在が新たな問題として浮上してきたのです。

　政府は，本人の努力や環境の問題ではなく，個人の能力の違いによって勉強についていけない子どもたちには，適切な教育施設において一人ひとりの子どもにあった教育法をもって学ぶことが必要だと考えま

した。当時，知能について実験的な研究を行っていたビネーは，そんな政府からの要請を受けて，精神科医のシモンとともに，特別な教育的支援が必要な子どもを判別するための心理学的方法として知能検査を開発しました。

100年以上前にビネーとシモンにより知能検査が開発されて以来，時代とともに利用の目的も変遷を遂げながら，今日まで世界各国で知能の測定器具として利用され続けています。

2. 知能検査の種類

知能検査には集団式知能検査と個別式知能検査があります。一斉に実施できる集団式知能検査は，短時間で多くの人に検査が可能で，集団の特徴をとらえることに適しています。一方，個別式知能検査は1対1で検査を行うので，得点化された数値だけでなく対象者の反応といった行動観察からの詳細なアセスメントが可能です。現在，個別式知能検査として広く利用されているものには，ビネー式知能検査とウェクスラー式知能検査があります。このほかの認知機能検査や発達検査も同様の目的で利用されることから，知能検査として含める場合もあります。

ビネー式知能検査は，ビネーとシモンが最初に開発した知能検査の目的が，特別な支援が必要な子どもを見極めるための判別であったように，現在でも福祉領域では知的障害児（者）の療育手帳交付の判定に広く使われています。基本的には知能を1つの統合した能力ととらえ，単一の指標で表します。検査時間が比較的短く対象者への負担が少ない検査です。

1905年にビネー式知能検査が開発されて以来，改訂・改良が重ねられ，1911年版では知的な発達が何歳相当であるかを示す精神年齢（MA）が導入されました。その後，アメリカに渡ったビネー式知能検査は，ターマン（Terman, L. M.）によりスタンフォード・ビネー改訂知能検査として開発され，知能指数（IQ）という概念が導入されました。知能指数（IQ）は，精神年齢（MA）÷生活年齢（CA）×100で算出されます。精神年齢が8歳6か月で生活年齢が10歳0か月の場合，8歳6か月（102か月）÷10歳0か月（120か月）×100でIQ85になります。しかし，生活年齢は毎年決まった分だけ上がっ

ていくのに対して，精神年齢の伸びは，次第に緩やかになることから，その後の改定では、同年齢集団の相対的な指標となる偏差知能指数が用いられるようになりました。

日本では田中ビネーと鈴木ビネーの2つのビネー式知能検査が利用されています。田中ビネーの最新版は田中ビネー知能検査Ⅴで，適用範囲は2歳〜成人です。この版から14歳以上については，偏差知能指数の算出や「結晶性」「流動性」「記憶」「論理推理」の4領域について分析が可能となりました。鈴木ビネー知能検査は，開発者である心理学者の鈴木治太郎の没後，長い間改訂が行われずにいましたが，鈴木ビネー研究会によって2007年に改訂版鈴木ビネー知能検査（適用範囲2〜18歳）として改訂されました。

ウェクスラー式知能検査は，教育・福祉・医療と広い領域で最も多く利用されている知能検査です。1939年にアメリカの心理学者ウェクスラー（Wechsler, D.）がウェクスラー・ベルビュー知能検査（Wechsler-Bellevue Intelligence Scale）として開発したのがウェクスラー式知能検査の始まりでした。ビネーの知能検査が特別な支援が必要な子どもを見極める判別のための検査であったことに対して，ウェクスラー式知能検査は，具体的な支援のための検査といえます。集団における個人間の知能水準を比較できるだけでなく，多くの違った系列の課題を行うことで認知能力を多面的にとらえ，個人内の知能構造の分析ができる点にその特徴があります（第1章参照）。

WISC-Ⅳ知能検査は，児童用のウェクスラー式知能検査WISC（Wechsler Intelligence Scale for Children）の改訂第4版で，5歳0か月〜16歳11か月の子どもに適用できます。15ある下位検査のうち10の基本検査を実施することで，全体的な知的発達水準を示す「全検査IQ」のほかに「言語理解指標」「知覚推理指標」「ワーキングメモリー指標」「処理速度指標」から4つの認知能力を合成得点として算出することができます。

合成得点は，偏差知能指数として平均値が100，標準偏差が15となるように得点化されています。偏差知能指数は同じ年齢集団の中における個人の水準を表しますが，本来の目的は，一人ひとりにあった支援や指導のために，個人の得意な力と苦手な力，その偏りなどを知ることにあります。

ウェクスラー式知能検査は，児童用のほかにも 16 〜 90 歳と高齢者まで広く適用できる成人用の WAIS- IV 知能検査や就学前の 2 歳 6 か月〜 7 歳 3 か月に適応できる WPPSI- III 知能検査などがあります。

　このように知能をどのように定義して，どうやって測定するのかはそれぞれの知能検査によって異なるため，同時に 2 つの知能検査を受けたとしても結果の数値は違ってきますし，数値が意味する事柄も異なっているのです。

3．知能検査の倫理と配慮

　検査者は，知能検査という測定器具を正しく取り扱うために専門的な研修や十分な訓練を受ける必要があります。また検査結果を正しく解釈するために，扱う知能検査がどのような知能理論や知能観に基づいて作成されているかについても理解をしていなければなりません。

　対象者には，どのような目的で知能検査を行うのか十分に説明をしたうえで同意を得ることが必要です。対象者が子どもの場合，保護者の同意も必要となります。結果については，数値だけが一人歩きしてしまうことのないよう，対象者の状態や目的に応じて具体的支援や援助の方法を中心にフィードバックすることがとても大切です。また，知能検査の性質上，検査内容や測定器具を専門家以外に開示することは固く禁じられています。

2 節　教育領域

1．特別支援教育の現場

　教育領域では特殊教育から特別支援教育への転換を受け，これまで以上に WISC-IV 知能検査の需要が高まっています。WISC-IV 知能検査は発達障害のある子どもの認知特性をアセスメントするツールとして一定の評価を得ている数少ない測定器具だからです。

　2005（平成 17）年の「特別支援教育を推進するための制度の在り方について（答申）」（文部科学省中央教育審議会，2005）を受け，2006（平成 18）年には学校教育法施行規則が一部改正されました。これまでの特殊教育では対象とならなかった知的な発達に遅れのないLD（学習障害）・ADHD（注意欠陥多動性障害）・高機能自閉症等の

発達障害のある子どもたちも，通級による指導の対象になったのです。通級による指導とは，通常の学級に在籍する比較的軽度の障害のある児童・生徒に対し，その障害の状態に応じ，月1～週8単位時間程度行われる特別な指導をいいます。これまで在籍する通常学級において学習面・行動面・社会面等で困難を感じながらも支援の対象とならなかった発達障害のある子どもたちへの支援が始まったのです。

2007（平成19）年4月には「特別支援教育の推進について（通知）」が出され，特別支援教育が本格的に開始されました（文部科学省,2007）。特別支援教育の場も，特別支援学校・特別支援学級・通級指導教室に限定せず，通常学級においても「一人一人の教育的ニーズを把握し，その持てる力を高め，生活や学習上の困難を改善又は克服するため，適切な指導及び必要な支援を行う」ことが求められるようになりました。言い換えれば，特別支援教育とは，すべての学校で，すべての教員によって，実現していく教育のあり方なのです。

特別支援教育の現場で行う知能検査の目的は2つあります。1つめは，児童・生徒の実態を把握するため，もう1つは，一人ひとりの教育的ニーズにあった適切な指導および必要な支援を行うためです。

第一の目的である児童・生徒の実態把握には，知能検査のほかにも保護者からの聞きとりや行動観察，その他のチェックシートをもとに，学習面・行動面・社会面・生活面など多面的なアセスメントが必要となります。知能検査の結果は，その中のほんの一部の情報に過ぎません。知能検査の結果は数値として表されるので，わかりやすく，比較しやすく，また説得力もありますが，測ろうとしている側面しか測れないという検査の限界や測定の誤差，そして被験者の体調や意欲が結果に影響を与えることを十分に理解し，適切に扱うことが大切になります。つまり，知能検査の数値だけで児童・生徒の実態を語ることはできないということです。

第二の目的である一人ひとりの教育的ニーズにあった適切な指導および必要な支援のために行う知能検査では，その子どもの認知能力の強みと弱み，能力間にある偏り，得意とする認知スタイルなど認知特性の詳細な分析を行います。特に子どもの強みとなっている力に注目し，得意な力を活かし苦手を補う具体的な支援や指導計画を立てます。WISC-IV 知能検査は，認知特性の分析に優れているだけでなく，こ

れまでの教育領域における効果的な支援法や指導法の蓄積があることからも，現場ではよく利用されています。

　知能検査は，本人や保護者同意のもとに，研修や訓練を十分に積んだ教育相談機関の教育相談員，病院の心理職といった専門家によって行われます。検査から得られる情報は，一人ひとりへの根拠に基づいた指導と支援のために，通級指導教員や発達障害のある児童・生徒が在籍する通常学級の担任教員にとって欠かせない情報となっています。

2．教育相談員の仕事

　教育相談員とは，教育相談機関で相談業務を行う心理や教育の専門家です。教育相談室や教育支援センターなど名称はさまざまですが，都道府県および市区町村には教育相談機関が設けられ，そこで地域の子どもの教育に関わる相談を受けています。

　仕事の内容は，いじめや不登校といった学校生活での問題，就学や進路についての相談，発達障害のある子どもに対する学校や家庭での対応への助言等，幅広く受け付けています。対象となるのは，幼児から高校生まで（市区町村により中学生まで）の子ども本人，その保護者，学校関係者などです。最近では，特別支援教育の普及と発達障害に対する社会的認知が高まったこともあり，発達障害についての相談が増え，知能検査や発達検査が行われる機会も多くなりました。教育相談員は，知能検査の結果だけでなく行動観察・面談等を通し子どもの特性をアセスメントし，家庭や学校でできる具体的な支援を提案します。地域の教育相談機関は学校とは別機関なので，問題によっては保護者が相談しやすく，また先生らにとっても保護者へ勧めやすい身近な相談窓口となっています。

　教育相談員になるには教育相談員として採用されなければなりません。ほとんどの市区町村で臨床心理士や臨床発達心理士などの有資格者が応募条件となっています。資格だけでなく知能検査や発達検査の検査者としての経験があることが条件となる場合もあります。勤務形態は週2〜5日の非常勤として働くケースが多いようです。

　公立の教育相談機関のほかにも，大学などの研究機関や発達障害児（者）の支援を目的としたNPO法人，民間企業で運営している教育相談機関での募集も増えてきています。

3. 今後の動向

　特別支援教育の現場では，通常学級に籍を置きながら通級による指導を受けている児童・生徒の数は，年々増え続けています（図 3-1）。学校教育法施行規則が一部改正となった2006（平成18）年から2017（平成29）年の12年間で，通級による指導を受けている児童・生徒数は 41,448 人から 108,946 人と約 2.6 倍に，改正により新たに通級による指導の対象となった注意欠陥多動性障害，学習障害や自閉症に限れば，6,894 人から 54,247 人と約 7.9 倍になりました。このような状況から，専門性をもつ通級指導の担当教員の増員が求められています。

　広がりを見せる特別支援教育の現場ですが，今後，心理職の専門家として期待される役割は，知能検査や心理検査などの専門スキルだけではありません。教育領域で教員や保護者と連携するためには，子どもの生活の場であり，教員が子どもの教育的支援を行う場である学校というフィールド全体の理解が求められます。教育課程や学習指導要領といった学校教育，学校組織，法的な制度など教育領域でのスタンダードを理解している（しようとしている）人材が期待されています。

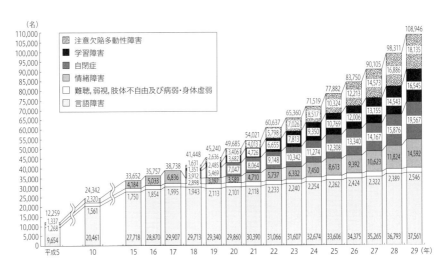

▲図 3-1　通級による指導を受けている児童生徒数の推移（公立小・中学校合計）
　　　　（文部科学省，2018）

3節　福祉領域
1. 児童福祉の現場

　福祉領域でも知能検査は活用されています。障害者福祉や高齢者福祉の現場でも対象者の支援のために利用しますが、最も多く知能検査が利用されているのは児童福祉の現場です。

　児童福祉の現場で中核となるのが、都道府県および政令指定都市に設置されている児童相談所です。児童相談所とは、市区町村と連携を図りながら、18歳未満の子どもに関する養護相談（児童虐待相談を含む）、障害相談、非行相談、育成相談、その他の相談などの相談援助を行う行政機関です。相談は本人や家族だけではなく、地域住民等、誰でも利用することができます。

　児童相談所で行う知能検査は、教育領域と同じように子どもの実態を把握し支援する目的でも行いますが、それ以外に福祉領域ならではの療育手帳の判定を目的とした知能検査が行われます。療育手帳とは、知的障害児（者）に交付される障害者手帳のことで、都道府県および政令指定都市によって、その判定基準が定められています。東京都の場合、ビネー式知能検査による知能指数（IQ）と日常生活の様子から、障害の程度を総合的に判断します。療育手帳の判定は、18歳未満の児童の場合、児童相談所で行われ、18歳以上の人の判定は心身障害者福祉センターで行われます。療育手帳交付のための判定が目的なので、申請者には該当もしくは非該当、該当ならば障害の程度を表す度数が知らされることになります。

　療育手帳の判定のほかに、支援を必要としている子どもの心理的側面をアセスメントする心理診断の一部として知能検査が行われます。心理診断とは、面接、行動観察、知能検査などの心理検査を行い、心理学的観点から子どもの状態を把握するものです。児童心理司による心理診断のほかに児童福祉司による社会診断、医師の医学診断、児童相談所の一時保護所等の心理職による行動診断などから総合的に判断され、援助方針がたてられます。

　戦災孤児の救済として始まった児童福祉ですが、1990年頃より年々虐待の相談件数が増加し、今では虐待防止が児童福祉の大きな課題となっています。虐待を受けた子どもの中には、発達障害が疑われるケー

スも少なくありません。子どもの発達の偏りが，保護者にとっての育てにくさとなり，厳しいしつけや虐待へつながることがあるからです。知的な遅れのない軽度発達障害が虐待の高リスク因子になることが指摘されていますが（杉山，2011），虐待防止の観点からも，発達障害の早期の気づきと子育てに悩んでいる保護者への支援もまた，児童相談所の重要な役割の1つです。

2．児童心理司の仕事

児童心理司とは，児童相談所に配置されている心理の専門家です。児童心理司の仕事は，子どもや保護者等の相談に対し，面接，行動観察，心理検査を通した心理診断のほかに，心理療法，カウンセリング，助言指導があります。

2017（平成29）年度に全国の児童相談所が対応した相談466,880件の内訳は，児童虐待相談133,778件を含む養護相談195,786件（41.9％），障害相談185,032件（39.6％），育成相談43,446件（9.3％），非行相談14,110件（3.0％），保健相談1,842件（0.4％），その他26,664件（5.7％）でした。虐待相談は年々増加傾向にあり，これまで一番相談件数が多かった障害相談を抜いて，2017（平成29）年には養護相談の件数が最も多くなりました（図3-2）。

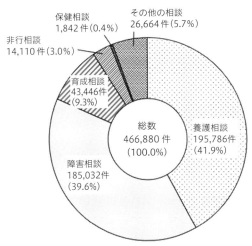

▲図3-2　児童相談所における相談の種類別対応件数
（厚生労働省，2018a）

児童心理司の仕事としては，障害相談のうち約83％を占める知的障害相談（厚生労働省，2018b）にかかる判定の知能検査や記録作成が多くありますが，近年ではさまざまな事情で一時的に保護される子どもの心理診断，心理療法，カウンセリングも増えています。

　児童心理司の資格は，児童相談所に児童心理司として任命されることで認められる任用資格です。地方自治体によって違いがありますが，東京都の場合では，心理職として公務員採用試験に合格しなければなりません。配属先は児童相談所のほかに，療育センター，児童福祉施設，病院などがありますが，児童相談所に心理専門職として配置されることで児童心理司となります。このほかにも高い専門性が求められることから，心理に関する専門知識や職務経験をもつ人を対象とした一般任期付職員採用やキャリア活用採用を経て，現場に入職することもあります。

　児童相談所では，これまでも児童心理司が配置されてきましたが，2016（平成28）年の児童福祉法等の一部改正で心理に関する専門的な知識等を必要とする指導をつかさどる所員として児童相談所には児童心理司を配置することが明言化されました。その要件として，医師であって精神保健に関して学識経験を有する者若しくはこれに準ずる資格を有する者又は大学において心理学を専修する学科又はこれに相当する課程を修めて卒業した者若しくはこれに準ずる資格を有する者と定められています。

3．今後の動向

　年々増加する虐待相談対応件数（図3-3）と重篤なケースが後を絶たない深刻な状況を踏まえ，2016（平成28）年の児童福祉法等の改正では，設置義務である都道府県および政令指定都市の他に特別区（東京23区）でも児童相談所の設置することができるようになりました（中核市は平成16年の改正により設置可能）。また2018（平成30）年には，児童相談所の体制と専門性強化のために児童心理司・児童福祉司・保健師の具体的な配置目標が盛り込まれた「児童虐待防止対策体制総合強化プラン」が政府によって策定されました。

　このプランでは，虐待などで心に傷を負った児童への心理的ケアやカウンセリングを充実させるため，2017（平成29）年に1,360人だっ

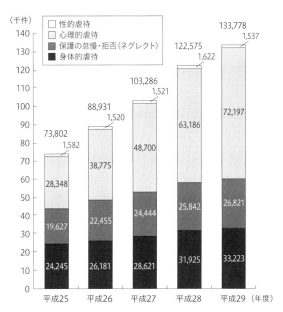

▲図 3-3 児童虐待の相談種別対応件数の年次推移
(厚生労働省, 2018a)

た児童心理司を 2022 年までに 2,150 人にすることを目標としています（厚生労働省, 2018c）。

　今後の児童福祉の現場では，知能検査を含む心理検査のスキルだけではなく，被虐待児の心のケアといった高い専門性と子どもを救うという強い使命感をもった人材が求められそうです。

4 節　医療領域

1. チーム医療の現場

　医療領域では医師が行う診断や治療のための補助検査として発達および知能検査，人格検査，認知機能検査など多くの心理検査が活用されています。知能検査もその 1 つとして精神科・児童精神科，神経内科，リハビリテーション科などで利用されます。たとえばウェクスラー式知能検査は，発達障害であるかどうかを直接判断するアセスメントツールではありませんが，認知発達の偏りが把握できることから発達障害が疑われる患者を対象に利用されています。また高次脳機能

障害，認知症，うつ病などの疾患においても認知機能の客観的評価として知能検査が利用されています。

65歳以上の人口の割合が27.7％（内閣府，2018）という超高齢社会を迎え，医療に求められる社会的ニーズも変わってきました。医師が病気を治療する病院中心の医療から，ケアや予防，そして患者のクオリティ・オブ・ライフ（生活の質）の向上のために介護や福祉と連携した地域包括型の医療が求められるようになったのです。チーム医療とは，そのような患者中心の医療を実現するために「ひとりひとりの患者さんに対してメディカルスタッフがそれぞれの職種を尊重し，さらに専門性を高めて，それを発揮しながら患者が満足できる最良の医療を提供する」（チーム医療推進協議会，2009）ことをいいます。医師，看護師，薬剤師といった従来の医療従事者に加え，言語聴覚士，作業療法士，理学療法士，管理栄養士，社会福祉士，介護福祉士，精神保健福祉士，臨床心理士など多くの専門家が，患者の治療だけではなく介護や福祉そして予防まで包括的に支える医療モデルです。

チーム医療の現場では，医師から指示を受けた心理職が知能検査を実施しますが，心理職が数ある心理検査の中から，患者の状態や今後の支援を考慮し，必要な心理検査の組み合わせ（テスト・バッテリー）を提案することもあります。このような医師と心理職との連携に始まり，患者が地域で自分らしく生活するための生活支援や社会復帰支援を担当する社会福祉士，介護福祉士，精神保健福祉士，患者が学齢期なら学校の先生といった病院内外の専門家と連携しながらチームで包括的に支援します。

心理職として患者の状態を生物－心理－社会的視点で，その人らしい心や生活まで包括的にアセスメントできる広い視野と，積極的に他職種の専門家とつながり，心理検査や面接から得た情報をそれぞれの支援の場で活用できるような形で伝えるといったコミュニケーションと努力が現場では必要となります。

2．臨床心理士の仕事

医療領域で働く心理職の多くは，臨床心理士の資格をもった臨床心理の専門家です。臨床心理士とは，臨床心理士養成に関する指定大学院または専門職大学院を修了し日本臨床心理士資格認定協会の資格試

験に合格することで認定される民間資格です。1988年以来，心の専門家としてさまざまな領域で援助活動の実績を積み，臨床心理士の信頼と社会的地位を築いてきました。

　臨床心理士に求められる専門業務は①心理査定，②心理面接，③地域援助活動，④上記に関する調査・研究の4つの業務があります（日本臨床心理士資格認定協会）。心理査定は患者の抱える問題や実態について多面的に知るために，心理検査，面接，行動観察等から情報を集め，実態と課題を包括的にアセスメントすることです。数ある心理検査の中でも知能検査は「操作が複雑なもの」や「操作と処理が極めて複雑なもの」として医科診療報酬の点数が高くなっています。心理面接は，患者とその家族の問題解決や自己の成長を支援するために，認知行動療法やプレイセラピーといった心理療法やカウンセリングを通して援助することです。地域援助活動は，個人へのアプローチだけでなく，家族，病院，学校，地域住民などの組織やコミュニティを対象とした援助活動をいいます。

　教育・福祉・医療・産業・司法等と活動領域の広い臨床心理士ですが，日本臨床心理士会（2016）の『臨床心理士の動向調査』によると，臨床心理士が最も多く勤務している機関は病院や診療所で34.7％でした。精神科・児童精神科，心療内科，神経内科，リハビリテーション科などで勤務することが多いようですが，大きな病院では心理相談部や検査部といった専門部門に配置される場合もあります。

　全国の国立病院機構を対象に行われた『医療領域における臨床心理士に対するニーズ調査』では，「今後ますます活躍の場面が増えると思われる」「チーム医療として必要な存在」といった臨床心理士に対する期待が寄せられましたが，診療報酬や資格問題については「診療報酬に反映されることが少ないため立場が弱い」「国家資格化し，診療報酬体系の中に位置づけられることを強く希望する」といった課題もあがりました（日本臨床心理士会，2014）。

3．今後の動向

　2015年に公認心理師法が成立し，心理職の国家資格として「公認心理師」が誕生することが決定しました。保健医療・福祉・教育その他の分野，どの領域でも通用する汎用性のある資格で，文部科学省と

厚生労働省が管轄となります。受験資格は，大学で心理学に関する指定科目を履修したのち，大学院においても指定科目を履修し課程を修了した者，もしくは，大学で心理学に関する指定科目を履修し，卒業後一定期間の実務経験を積んだ者で，主務大臣がそれと同等以上の知識および技能を有すると認めた者です。第1回国家試験は2018年に実施されました。

　チーム医療の現場では，医師，看護師，薬剤師，言語聴覚士，作業療法士，理学療法士，管理栄養士，社会福祉士，介護福祉士，精神保健福祉士など連携する職種はすべて国家資格であり，専門家としての社会的な地位や役割が認められているだけに，心理職の国家資格化は，現場で働く心理職にとって大きな前進となりそうです。

　しかし，課題がないわけではありません。日本小児神経学会会員の評議員を中心としたアンケート調査では，87％が心理職の国家資格化をすべきと回答したうえで，問題点として診療報酬，心理職の知識不足，雇用不安定などの問題をあげています（作田ら，2013）。また，心療内科の医師である江花（2005）は，医師が心理職に求めるものとして，①専門的知識と技術，②チーム医療運営への協力，③診療補助者として必要な法的，医学的知識が必要だと述べています。

　分業と専門化が進んだ医療領域では，専門性の追求だけでなく，専門家同士の相互理解を深め，より良い連携を実現するために，医学的な基本知識の習得が求められています。今後は大学でも専門家として現場で活動するために必要な基礎的知識が習得できる，公認心理師受験対応のカリキュラムが組まれることを期待したいと思います。

現場の声 1

通級指導学級から特別支援教室へ

　筆者は東京都の公立小学校の教員として勤務し，通常の学級に在籍する，発達障害のある子どもや特別支援教育を必要とする子どもに対する指導を通級で行っています。東京都では「情緒障害等通級指導学級」で行っていた指導が，平成30年度までに各学校の特別支援教室において巡回指導を行う形へと変わりました。これまでは自分の在籍する学校に情緒障害等通級指導学級がない場合，他の学校に通わなくてはならず，保護者の送り迎えの負担，本人が自分の学校の授業を抜ける負担がありましたが，今後は教員がその子どもの在籍する学校へ巡回するため，そうした負担が減ります。通級指導学級から，特別支援教室における巡回指導へと変わっても，障害による学習上または生活上の困難の改善・克服を目的とする「自立活動」と，障害に応じて各教科等の内容を補充するための指導を行うという点は変わりません。それぞれの子どもの認知特性や行動上の課題など実態をよく見極め，適切な指導をしていくことが必要です。

● この仕事に就くためには

　小学校教員採用試験に合格し，公立小学校の教員として採用され通級（巡回）指導を行う学校の教員として配置されると，この仕事を行うことになります。通級（巡回）指導は専門性が必要とされる仕事ですので，特別支援教育や心理学に関する知識があることが望ましいです。できれば特別支援学校の教員免許も取得するとよいでしょう。

　筆者の場合は，高校時代に「心理学を学びたい」と考え，大学について調べる中で，教員免許の取得を目指しながら心理学も学べる大学があることを知りました。入試は教育学部の小学校教員養成課程「学校教育選修」で受験し，教育学か心理学を入学後（2年生進級時）に選択する大学であったため，入学後に心理学を選択しました（現在は入試の段階で学校心理選修を受験するようです）。結果的に，心理学だけでなく学校，教育現場に関することを深く学ぶことができ，知能や知能検査に関することも教育心理学の講義の中で学びました。その後，大学院を修了してから教員採用試験を受けて就職しました。教員になってから学校心理士，臨床発達心理士，特別支援教育士の資格と養護学校教諭（現在の特別支援学校教諭）の免許も取得し仕事に活かしています。

● 知能（心理学）と仕事の関わり

　指導の対象となるのは，全般的な発達の遅れではなく，偏りがあったり，

一部困難なことがあるために支援を必要としている子どもです。全般的な発達の遅れの場合は特別支援教室での巡回指導ではなく，特別支援学級や特別支援学校への転学も含めた別の支援方法を検討していきます。そして，検討材料の1つとして，対象となる子どもの認知能力を測定する個別式の知能検査を行います。各市区町村のシステムによって異なりますが，その自治体の教育委員会や就学相談担当の心理職が行う場合が多く，検査結果や子どもの行動観察をもとに，専門家（医師，心理職，教育委員会の職員，校長など）が会議を行います。会議で筆者は，教員の立場として支援について提案することもあります。対象となる子どもが決定したら，教員は本格的に指導を実施していくことになります。

指導のために教員は知能検査について，実施方法や結果の読みとり方などをよく知っておく必要があります。検査の結果から，その子どもの得意，不得意を把握し，指導に活かすためです。指導の際には，必ず一人ひとりに個別指導計画を立てます。使用される知能検査はWISC-IVが多いです。知能検査は，数値によって子どもにレッテルを貼るものではありません。その子がもっている力を伸ばすために使われるべきものです。検査を実施したり解釈したりする者には責任と倫理が求められます。知能に関する心理学の知識，知能に関連した学習，認知，教育などの心理学の知識については常に最新の動向を知るための研修も欠かせません。

● 仕事のやりがい

子どもが自分の在籍する学級で意欲をもって生活できるようになると，「この仕事をしていてよかった」と感じます。九九を唱えて覚えることが苦手で算数の授業に落ち着いて取り組めなかった子が，九九表を目で見て覚えたことにより，算数の時間に自信をもって参加できるようになるなど，その子の認知特性に応じた指導を行うことはとても大切です。また行動や社会性に課題のある子どもに対して，場や状況に応じた言動のとり方や，感情のコントロールの仕方を教えるために，ソーシャルスキルトレーニングを行うことがあります。成功体験を積ませながら，在籍学級での適応を促します。保護者や担任の先生から，「自分の気持ちを言葉で言えるようになった」「イライラしたときに，自分で深呼吸をして落ち着けるようになった」などの話を伺うと，とても嬉しいです。いずれにしても，保護者や在籍学級の担任の先生との連携がこの仕事をするうえで重要です。

教育相談室と知能

現場の声 2

　筆者は心理教育相談員という立場で、教育相談室（以下、当相談室）に勤務しています。当相談室では、幼児から小学生、中学生までとその保護者を対象にして、心理的な援助（プレイセラピー等）を行っています。相談の内容は、『不登校』と並んで、『学習の難しさ』に関することが非常に多い現状があります。それらの主訴には知的能力や発達的特性による課題が潜伏していることも少なくありません。そのため、WISC-IVや田中ビネー検査などといった知能検査を中心とした心理検査によって心理アセスメントを行い支援に役立てます。教育相談室の日常的な心理臨床活動において、知能に関する理解は密接に関わっているといえます。

● 実際の支援の中での知能検査

　ここで、実際に知能検査をどのように活用し、援助に役立てているか、具体例を示させていただく中で、教育相談室での知能検査と支援のつながりが少しでも伝わればと思います。

　知能検査を活用することが多いのは「学習が他の児童と比べて遅れている」「勉強が身につかない」という主訴のケースです。その場合の来室者（主に保護者）の目的は明確なので、知能検査の実施への抵抗感は低い場合が多いです。また、結果の受け入れへの心の準備もできていることも多く、結果は有効活用されます。保護者だけでなく担任の先生に検査報告書を渡し（時には、相談員が直接説明をします）、日々の授業での支援に役立ててもらったり、適切な就学先への転学につながったりするという支援につながります。

　一方で、当初の主訴は学習や知能に関するものではありませんでしたが、結果的には知能検査を実施することで、知的能力が明らかになり援助が進むということもあります。「授業中に落ち着きがない」という主訴で来室した児童A君を例にあげます。A君は授業中に立ち歩き、他の児童にちょっかいを出し、担任の先生に悪態をついて授業を妨害していました。保護者や担任の先生からの聞きとりをしていくと、A君は算数の時間に落ち着かない様子が顕著であること、また家庭や学校で人の話をきちんと聞いてないことで怒られることが多いことがわかりました。そのうえでA君に知能検査を実施すると、『ワーキングメモリー』が同年代の平均に比べて著しく低い結果となりました。このことにより、A君に対して「指示は短く明確にしてあげる」「言葉だけでなく視覚的な補助教材を有効活用する」といった支援の方向性や配慮事項を考えていくことができるようになりました。

また,「わがままで,周りに迷惑をかけてしまう子」といった周囲のA君に対するイメージも改められ,そのイメージによって傷つけられていたA君の心も浮き彫りになり,心理面接での焦点となりました。

以上のように知的な能力の課題が前面に出るケースもあれば,表面上は不登校といった知能とは直接関係のない訴えでありながら,その背景に知的な能力の課題が潜んでいるというケースもあります。

● 知能検査を適切に活用するために

児童,生徒の個々の特性に応じた特別支援,インクルーシブ教育の推進といった社会的な要請もあり,現場での感触としては,学校の先生をはじめとして,教育領域に関わる人たちや保護者らに知能検査は普及してきており,知能検査への抵抗感は低くなってきている印象があります。知能検査はその児童・生徒のある側面を理解するためのたいへん重要な道具ですが,知能検査に頼りすぎて援助を進めてしまうと,その児童・生徒の全体を見誤ってしまうこともあります。大切なのは多面的な視点(環境や生育歴など)を失わないことであると思います。知能検査はそれだけ本人やその周囲に与えるインパクトが大きく,慎重に取り扱うべきものであるともいえます。

筆者たちは知能検査によって,その児童・生徒について膨大な情報を手に入れることができます。しかし先述したように,そこには危険性もはらんでいます。その得られた情報をどのように理解し,活用し,役立てていくのかということは,筆者たち心理職の資質が問われているように思います。筆者自身も児童・生徒にとってその情報が有意義なものになるように日々勉強させていただいています。

現場の声 3　デイケアを併設した医療機関での「知能」の扱い

　筆者が勤務する医療機関は，デイケアを併設した精神科・心療内科クリニックです（以下，「当院」とします）。統合失調症，うつ病など，さまざまな精神疾患をわずらう人が来院します。その中で筆者は，患者の性格や病気の重症度といったことに加えて，知能という側面から理解，支援することも重要だと感じています。なぜなら，精神疾患をわずらうに至った背景に，その人の性格や成育歴などだけでなく，知能面での課題があることも多いためです。

　知能の査定については，主に WAIS-Ⅲ（ウェクスラー成人知能検査）を用い，医師の指示のもとに心理職が実施します。たとえば，まだ就労していない精神障害の人が就労支援プログラムを受けるときに，職業の適性などを考えるために知能検査を活用することも多いです。また，最近では発達障害などの概念も一般的に知られ，「自分は発達障害ではないか」ということで，自ら知能検査を望んで来院するケースも増えています。さまざまなケースで知能検査が活用されますが，以下では，比較的多い事例として，当院で行っているリワークプログラム（復職支援プログラム）に参加する患者への，知能検査の実施や活用例を中心に説明していきます。

● 知能検査の実際～リワークプログラム参加者の事例から～

　リワークプログラムとは，うつ病をはじめとした精神疾患によって会社などを休職している人が復職していくことを支援するものです。リワークプログラムに参加される人には，本人の同意が得られた場合は，原則として全員に知能検査を受けてもらいます。そこで，架空の事例を用いて，どのように知能検査を実施し，結果を活用していくのかを説明していきます。

　架空のケースの患者を A さんとします。A さんは会社のカスタマーセンターに所属し，クレームの電話対応に追われていました。しかし次第に A さんは，自分は電話対応が苦手だということを意識し始めました。特に，顧客からのクレームに対してとっさに言うべきことが言えず，言葉につまってしまうことが多かったのです。さらに，周囲の同僚と比べて仕事ができていないなどの思いも重なったことがきっかけで，うつ病を発症し会社を休職しています。

　この A さんに対して心理士は，「今後仕事に戻った際に，再発せずに仕事を続けていくうえで，自身の性格傾向などを把握し，対策を考えておくことは役に立つと思います。そのために，いくつか心理検査を行いたいと思います」という形で心理検査を実施することを提案し，さらに「自身の得

意なこと，苦手なことを把握できるように知能検査を行いたいと思います」と説明しました。実際にはもう少し詳しく説明しますが，「今後に生かしていくために知能検査を行う」ということを丁寧に説明するよう心がけています。

　こうして同意が得られたら，主治医の指示のもと，検査を実施します。Aさんの結果は，全般的な知能の水準は平均よりも上のレベルでした。ただ，以下のような得意なこと，苦手なことの差がありました。図形や絵など目から入ってくる視覚情報を処理する力を示す「知覚統合」，単純作業を速く行う力を示す「処理速度」は平均よりもかなり高かったのですが，言葉の知識や理解力を示す「言語理解」，耳から入ってくる情報を記憶しておく力を示す「作動記憶」が，比較的低かったのです。つまり，複雑な内容の話を聞いたり，言葉で表現したりすることが苦手だと想像されます。クレーム対応では，耳から聞いた情報をもとに，臨機応変に言葉で対応することが求められます。これはAさんにとって負担の大きいもので，こういった苦手さが，うつ病を発症した背景になっていることが推察されました。

　この結果を本人に伝えたところ，「やっぱりそういうことでしたか。でも，なんで自分は仕事ができないのかと悩んでいましたが，その理由がわかって少しすっきりしました」と述べました。心理士からは，もしクレーム対応の仕事に再び戻るのであれば，電話の内容をこまめに復唱して確認する，メモなどを活用して言うべきことをまとめてから話をするなどの対策を提案しました。

　また，結果は主治医にも報告しました。さらに，Aさんの同意を得て，Aさん本人，Aさんの会社の上司，主治医，心理士が同席した今後についての話し合いの場がもたれました。心理士から知能検査の結果をAさんの上司にも報告したところ，上司は「今後はAさんのそういった特性に，できるだけ配慮できるようにしたい」と述べていました。

　しばらくしてうつ病が回復したことから，Aさんは仕事に復帰し，再びクレーム対応の業務に戻りました。今回は，「お客様のクレーム内容をこまめに復唱して確認することで，落ち着いて対応できるようになりました」と，まだまだ苦手意識はあるようでしたが，以前のように周囲と比べて強い劣等感に悩まされることはないようでした。また，上司が自分のことを理解してくれているということも安心感につながっているようでした。

●「知能」を扱う現場で考えていること

　前述のように当院ではさまざまなケースで知能検査が活用されますが，筆者が共通して心がけていることは，大きく2つあります。1つは，知能検査を実施することについて，しっかりと患者に説明することです。「自分の知能を検査される」ということが，すんなり受け入れられないことも多

いでしょう。したがって「得意なこと，苦手なことを知っておくことで，今後の対策を考えることができる」といったことを丁寧に説明していくことが重要です。もう1つは，知能検査の結果を，現実の生活の中でしっかりと活かしていけるようにするということです。たとえば，その人の現実の職場での業務では，どういったことに気をつければよいのか具体的に伝える必要があります。また，可能であれば職場の上司や，家族とも結果を共有し，本人を取り巻く周囲の人々の理解を促すことも有効であることがあります。

　心理士としては，Aさんのように，知能検査によって対象者が自分の特性を理解し実際の生活に活かしていくことで，その人が少しでも生きやすく，暮らしやすくなっていくことが大きなやりがいになっています。一方で，医療機関で知能を扱うことの限界や難しさを感じることもあります。知能検査の結果を本人に伝える際に，その人の生活実態や職場の状況などを心理士がしっかりと理解できていないと，有効なアドバイスができません。心理士自身の社会経験，想像力などといったことが問われていると感じます。さらにAさんのケースのように，職場の上司などと連携できることは実際には少なく，まだまだ知能について職場などの理解を得ることが難しい場合が多いです。こういった外部との連携については，これからの課題だと感じています。

第4章
性格心理学への招待

1節 性格とは何か

1. 性格という現象

　心理学が対象にしているいろいろなテーマの中で,「性格」は一般の人の興味を最も引きやすいものの1つといえます。テレビや雑誌などで「性格診断」があればやってみたくなり,結果が自分の性格を言い当てているとびっくりします。また自分の周りにいる人々の性格についても,あの人は明るい性格だとか,おっちょこちょいな性格だとか,何かと気になるものです。

　心理学の中には性格心理学あるいはパーソナリティ心理学という分野があって,こうした心理学が取り扱っているのがまさに,私たちが日頃から気にしている「性格という現象」です。本章ではこれから性格心理学の知識について学んでいきますが,その前に,私たちが興味をもっている,そして性格心理学が研究しようとしている「性格という現象」について,もう少し詳しく考えておきましょう。

(1) 個人差と性格

　そもそも,私たちは,自分や他者のどのような特徴を「性格」だと考えているのでしょうか。まず「何かに対応する際,人によって違いがあること」が,その1つめの条件です。信号待ちしていた人々が

青になって一斉に渡り始めたときに「この人たちはみんな決まりを守る性格なんだな」とはあまり思いません。しかしそこに一人か二人，信号がまだ赤なのに渡る人がいれば，その人のことを「気が短い人だな」とか「人目を気にしない人だな」などと思いますよね。それが「性格」です。

　このように，私たちが自分や他者をみて「性格」を感じるときには，人と人とに違いがあって，その違いが何かの特徴を示していることが必要です。そうした人と人の違いのことを心理学では「個人差」といい，性格心理学は個人差を対象としているために「個人差心理学」とよばれることもあります。

　ただ，個人差であれば何でも性格であるわけではありません。たとえば身長や体重には個人差がありますし，顔や体格も人によって違いますが，普通そうしたことは性格とは考えません。性格といわれるのはその人の日頃のふるまいや言葉，考え方や感情などに現れる個人差です。つまり性格とはまず「人の行動や心の働きに現れる個人差である」ということができます。

(2) 性格の一貫性

　それに加えて，時間や状況を超えてある程度一貫している，ということも性格の条件です。日頃明るい性格の人がたまたま体調が悪くて元気がなく，暗い表情をしているときに「性格が暗くなった」とはいいません。それは体調の悪さによって一時的に生み出された状態で，性格ではないのです。また，大好きな国語の先生の授業では明るくハキハキと質問に答えているけれど，数学の先生は嫌いなので声が小さくなる，といった場合にも，「国語の時間と数学の時間で性格が変わった」とは普通はいいません。しかし，国語でも数学でも英語でも先生に反抗的であれば「反抗的な性格」と思われやすいでしょう。それが性格だといわれるためには，ある程度長い時間，いろいろな場面で，その個人差が一貫して現れていることが必要なのです。

　その意味では「知能」も知的な活動に関わる個人差で，時間や状況を超えて一貫しているものですから，性格の中に入れて考えることもできます。ただ知能についてはそれを把握しようとする目的や，知能の測定が利用される領域が性格とは異なるために，心理学では性格と

別に取り扱われることが多く，本書でも知能については独立して取り上げています。

　ここまで述べてきたことをまとめると，性格心理学が対象とする「性格という現象」は，「人の行動や心の働きに現れる個人差で，時間や状況を超えてある程度一貫しているもの」のことをいい，私たちが日頃「性格」だと思っているものも，身の回りで発見するそうした現象であるということがわかります。そして私たちは皆，自分や他者の性格を知りたがりますし，性格心理学者は人の性格を知ることを仕事にしています。書店の心理学のコーナーに行くと性格に関する本がたくさん並んでいますが，性格心理学に人気があるのは，世間一般の人が日頃興味をもっていることに応えようとしているからです。

2．性格を知ることの意味

　では，私たちが日頃から自分や他者の性格を知りたいと思うのはどうしてなのでしょう。また，自分や他者の性格を知ることにはどんな意味があるのでしょう。

(1) 行動の理解

　第一に，その人の行動の理由を理解できる，ということがあります。私たちは他者の行動を見ると，その理由を理解したいと思います。よく行くコンビニの店員さんがいつも妙に無愛想だったら，自分が嫌われているのかな，と心配になりますし，どうしてあんなに無愛想なのか知りたくなります。そのときにその店員さんが「内気な性格」だとわかれば，自分が嫌われているのではなく，そういう性格だから無愛想なのだとわかって安心します。

　心理学が人の性格を知ろうとするのにも同じ理由があります。悩みをもって苦しんでいる人や，対人関係にトラブルを抱えている人の性格を知ることができれば，そうした悩みやトラブルの理由や原因を発見できるかもしれません。そのために心理臨床の現場では，さまざまな性格測定（パーソナリティ・アセスメント，第6章参照）の技法を用いて，クライアント（来談者）の性格を知ろうとします。また，精神医学ではさまざまな精神障害とその人の性格が深く結びついていると考えるので，精神神経科の臨床でも患者の性格を知ることが重要

になります。

(2) 行動の予測

　性格を知ることの第二の意味は，その人の将来の行動を予測できる，ということです。私たちは好きな人ができると，その人の性格を知りたいと思います。それは，その人の性格を知れば，自分がその人に愛の告白をしたときにどのような反応をするかとか，どのような告白の仕方をしたら相手が自然に受け入れてくれるかなどを予想できるからではないでしょうか。そこでは，性格を知ることでその人のこれからの行動を予測しようとしているのです。

　企業の採用や人事の現場で性格検査がよく用いられるのも同じ理由です。採用試験で性格検査をするのは，その人の性格の特徴から，その人が入社後にどのように仕事に取り組むか，どのような役割で活躍するかを知ろうとするためですし，時には仕事で活躍する妨げになるような性格の特徴をもっていないかを調べる目的で性格検査が行われることもあります。

　このように，性格を知ることにはその人の行動を理解するという目的と，その人の将来の行動を予測するという目的の，2つの目的があるといえます。性格を知ることや性格の測定を行うことは，心理学が関わるさまざまな仕事分野で重要な技術になります。

3. 性格，気質，パーソナリティ

　さて，性格を心理学で取り扱うときに，その対象として用いられる言葉が大きく3つあります。その1つめはこれまでも述べてきた「性格」，残りの2つが「気質」と「パーソナリティ」です。

(1) 性格

　「性格（character）」は前にも説明したように，人の行動や心の働きに現れる，時間や状況を超えて一貫した特徴のことを指します。少し難しくいえば，自分や他者の行動の一貫した特徴について私たちが日頃から目にしている現象そのもののことを性格とよんでいる，ということができます。

(2) 気質

そうした性格のうち、新生児にみられる性格の違いのように、環境よりも遺伝の影響を強く受けるような生まれつきの特徴を特に「気質（temperament）」とよぶことがあります。新生児にも神経質な子、穏やかな子などの性格の特徴があり、それが親子関係や発達などに大きな影響を与えると考えられているために、気質の研究は乳幼児の心理学の重要なテーマになっています（高橋, 2013）。

(3) パーソナリティ

3つめの言葉が「パーソナリティ（personality）」です。性格とパーソナリティの違いについてはいろいろな考え方があり、研究者によっても違った使われ方がされています。しかしこれをおおまかに区別すると、「性格」は人の行動や心の働きの特徴のうち、目で見たり性格検査で測定したりできる「現象」そのものを指すのに対して、「パーソナリティ」は目に見える性格だけではなく、そうした性格を作り出す人間の生物学的、生理学的、心理学的な仕組み全体、直接目には見えないものも含めて考えるときに使われる言葉ということができます。

この後で述べるように、性格に関する心理学は単に人の性格を測定するだけではなく、性格が作られる仕組みや、性格を生み出している心の働き全般について取り扱うものなので、その対象は狭い意味の「性格」のみならず、「気質」「パーソナリティ」の広い領域に及んでいます。そこで最近ではこの研究分野をよぶのに「性格心理学」だけではなく、「パーソナリティ心理学」というよび名が使われることも多くなりました。

4. 性格心理学の研究テーマ

(1) 性格の記述

現在、性格心理学の研究テーマは大きく分けて3つの領域に広がっています。第一の領域は性格の記述、測定を扱う領域です。記述とは「何かを言葉や文字や記号であらわすこと」をいいます。性格について考えたり、人の性格からその人の行動を理解したり将来の行動を予測したりするためには、まず自分や他者の性格を言葉や文字で書きあらわすことが必要です。

性格を記述するためには，まず性格を記述するための枠組み，理論が必要であり，そうした枠組みの代表的なものに類型論と特性論があります（第5章参照）。類型論は人の性格をいくつかのタイプに分け，個人の性格をその中のどれかのタイプに当てはめることで，その人の性格を記述しようという枠組みです。一方，特性論は，人の性格を細かな特徴（性格特性）の組み合わせとして記述しようとするもので，人の性格はその人がどのような特性を，どのくらいもっているかによって記述されます。

　こうした類型論や特性論の枠組みのうえで，実際に人の性格を記述するために用いられる道具のことをパーソナリティ・アセスメントとよびます（第6章参照）。

　パーソナリティ・アセスメントは客観的・数量的な方法をとることも多く，そうしたアセスメントは性格の測定とよばれます。性格心理学はこれまで実にたくさんの性格測定技法を開発してきており，いまも新しい方法が続々と開発されています。

(2) 性格の形成と変化

　性格心理学の第二の領域は，性格の形成と変化を扱う領域です。次の節で詳しく述べるように，人の性格は遺伝の影響と環境の影響が複雑に絡み合って形成されていきます。こうした性格の形成に強く影響する力はどのようなものか，そうした力は何を通じて性格を作り出すのか，というのは性格心理学の重要な研究テーマになっています。最近では行動遺伝学とよばれる研究方法が大きく発展して，性格に遺伝と環境が与える力が着々と解明されていますし，脳や神経，身体の生理学的な働きと性格との関係もわかってきています。また，性格が変わることはあるのか，変わるとしたらどのようなことが性格の変化を生み出すのか，ということについてもさまざまな側面から研究されています。

(3) 性格の異常や障害

　性格心理学の第三の領域で，最近発展が著しいのが，性格の異常や障害を扱う領域です。性格に異常な特徴があったり他の人と比較して大きな偏りがあることは，日常生活や対人関係の障害となり，その人

の適応に大きなマイナスになります。性格の異常に関する心理学では,そうした異常や偏りをさまざまなタイプに分類して整理するとともに,異常を発見するための性格測定法を考案して臨床の現場に活かしています。こうした領域は臨床心理学と深く関係するので,このシリーズの臨床心理学の巻で詳しく取り扱われています。

性格の記述のための理論については第5章で,性格の測定については第6章で詳しく述べられているので,この章では性格の形成と変化についてもう少し詳しく考えようと思いますが,その前に性格心理学の歴史について,ごく簡単におさらいしておきましょう。

5. 性格心理学の歴史

「心理学の歴史は短いが過去は長い」ということがよくいわれますが,これは性格心理学にもそのまま当てはまります。性格心理学の歴史はまだ100年くらいしかありませんが,人類が人の性格について考えてきた「性格学」の歴史ははるか古代にまでさかのぼります。

(1) 古代の性格学

文字として残されている最古の性格学としては,古代ギリシャの哲学者テオプラストス(Theophrastus)による「人さまざま(エチコイ・カラクテレス)」(紀元前3世紀)があげられます(Theophrastus／森訳,2003)。この本には「けちな人間」など30種類にのぼる性格のタイプがいきいきと記述されており,そのほとんどは現代人にもそのまま当てはまるものです。その少し後にはガレノス(Galenus)がヒポクラテス(Hippocrates)の四体液説に基づいた性格分類を提唱し,その後のヨーロッパの性格学に大きな影響を与えました。

(2) 相貌学や骨相学

18世紀から19世紀のヨーロッパでは相貌学(顔で性格を分類する)や骨相学(頭蓋骨の特徴から性格を推測する)など,人の外見や体格から性格をとらえる考え方が発展し,一般にも流行しました(図4-1)。こうした理論は現在では否定されていますが,客観的・数量的な手続きを通じて性格を測定しようとしたことには歴史的な意味があります。日本でも戦国時代の「人国記」ではさまざまな土地や風土と

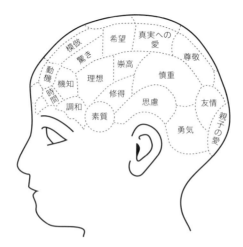

▲図 4-1　骨相学の図版（性格や能力と関係する頭蓋骨の位置が示されている）

人の性格との関係が述べられていますし、「甲陽軍艦末書結要本」では武士の性格のタイプを 6 つに分類しています（大村, 2012）。このように，人の性格を記述し，分類して理解しようとする試みは古くから洋の東西を問わず行われていましたが，それと心理学とが結びつくのは，もう少し後になってからです。

(3) 差異心理学と性格の測定

19 世紀後半以降のイギリスでは，ゴルトン（Galton, F.）やピアソン（Pearson, K.）らの統計学者が人間のさまざまな特徴を数量的に測定し，統計的に分析しようとする「差異心理学」を提唱しました。差異心理学の対象は身長や体重，体格などから始まって，知能や性格などに及びました。フランスではビネー（Binet, A.）が知能検査を考案して，心理学的測定の基礎を作りました。こうした試みはその後の性格測定に直接つながっています。またドイツでは精神医学が発展し，クレッチマー（Kretschmer, E.）らによって精神障害と関係する性格の特徴が明らかにされました。

(4) パーソナリティ心理学の誕生

こうした性格への科学的なアプローチと古代からの性格学の歴史を

合体させ，現在の性格心理学の直接の祖先として20世紀前半にアメリカで生まれたのが，オールポート（Allport, G. W.）やキャッテル（Cattell, R. B.）を中心とする「パーソナリティ心理学」です。パーソナリティ心理学は人の能力や特徴を測定して適材適所に活用しようというアメリカの実力主義とよく合致して，たくさんの性格検査を生み出すなど，20世紀の後半にかけて飛躍的な発展を遂げます。

このパーソナリティ心理学を基盤として，さまざまな分野に広がってきたものが，現在の性格心理学ということができます。21世紀に入り，遺伝学や精神医学の知識や方法を取り入れたり，高度な統計手法を活用するなど，性格心理学はまた新しい段階へと進歩しています。

2節　性格の形成と研究法

1. 性格はどうやって作られるか

前節では，性格心理学の対象となっている性格とはいったいどんな現象なのか，性格という現象を性格心理学はどのように扱ってきたか，ということについて考えました。それでは，性格心理学の研究対象となる人の性格は，どのようにして作られるのでしょうか。

(1) 遺伝と環境

人の性格を作る大きな力としては，昔から遺伝と環境の2つがあげられてきました。遺伝とは私たちが両親から受け継いで，生まれつきにもっている傾向や特徴のことをいいます。私たちの顔は多くの場合両親のいずれか，あるいは両方の特徴を受け継いで作られますし，体格や体質なども大なり小なり親に似るものです。同じように，性格や知能の面でも私たちは親からの遺伝を受け継いでいます。

しかし，人の性格は遺伝のみで決まるわけではありません。子どもの頃にどんな家庭環境で，どのように育てられたか，どのような友達とどのように関わったか，人生の中でどのような経験をしたか，といったこともすべて，その人の性格に大きな影響を与えます。こうした，私たちの周囲を取り巻いて私たちに影響している力のことを環境といいます。

(2) 遺伝論と環境論

　古い時代には，性格は遺伝で決まるという「遺伝論」と，性格は環境で決まるという「環境論」が鋭く対立し，論争を繰り広げていましたが（渡邊，2005），現在では，性格は遺伝と環境との相互作用（お互いに影響を与え合うこと）によって決まっている，というバランスのとれた考え方が主流になるとともに，性格のいろいろな特徴が，遺伝と環境の影響をそれぞれどのくらいずつ受けて作られているのかをより精密に分析することができるようになってきています。

2．遺伝と環境の力を調べる

　それでは，性格に遺伝と環境のそれぞれが与える力を調べるには，どのような方法があるのでしょうか。その1つの方法が「双生児法」とよばれる手続きです（山形，2013）。

(1) 双生児法の考え方

　双生児とは双子のことをいいますが，双生児には一卵性双生児と二卵性双生児がいることが知られています。一卵性双生児とは，1つの受精卵が分裂して胎児になっていく過程で2人の子どもに育つもので，2人はもともと1つの受精卵であったため，性別も同じであり，100％同じ遺伝をもって生まれてきます。

　一方，二卵性双生児では，同時に排卵された2つの卵子が別々に受精して胎児に育つことで，2人の子どもが生まれてきます。二卵性双生児の場合はもともと別の受精卵から育っているので性別が違う場合も多く，遺伝の共通性は兄弟姉妹と同じで，100％にはなりません。双生児法ではこの一卵性双生児と二卵性双生児の遺伝の共通性の違いを，遺伝と環境が性格に与える影響を解明するために利用するのです。

　双生児として生まれた2人を，ある性格特性について比較したときに，遺伝がまったく同じである一卵性双生児の性格に違いがあった場合は，その性格特性には環境が影響していると考えることができます。また，一卵性双生児と二卵性双生児で性格が同じくらい似ている場合にも，環境の影響が予想されます。一方，一卵性双生児ではよく似ているのに，二卵性双生児ではそれほど似ていない場合には，その性格特性が遺伝の影響を受けている可能性が高まります。

実際には私たちの性格はかならず遺伝と環境の両方の影響を受けているので，双生児法による研究はある性格特性が遺伝で決まるか環境で決まるかを判定するというよりは，ある性格特性に遺伝と環境のそれぞれがどのくらいずつ影響しているかを，一卵性双生児と二卵性双生児の類似性の差から分析していくことになります。

(2) 遺伝子多型と性格
　最近ではヒトゲノムの解読が進んで，双生児法だけに頼らなくても，性格への遺伝の影響を遺伝子から直接調べることが可能になってきました。遺伝子の個人差（遺伝子多型）は外見や体格の個人差，免疫や特定の病気へのかかりやすさなどさまざまな特徴に影響することがわかっていますが，最近では神経伝達物質であるドーパミンに関わる遺伝子など，性格の個人差に影響する遺伝子多型も少しずつ見つかってきています（木島，2000）。
　ただ，たった1つの遺伝子が人の性格を決めるということはまずなく，1つの性格特性の遺伝には複数の遺伝子が関わっていることがほとんどなので，「明るい性格になる遺伝子」などが発見されることはあまり期待できません。このように，ある性格特性の遺伝に複数の遺伝子が関わることをポリジーンの遺伝といいます。また，遺伝子が完全に解明されても，その人の性格には環境も大きく影響しますし，性格への遺伝の影響の大きさが環境によって異なることもわかっています（遺伝環境相互作用）。これらのことから，性格に影響する遺伝子がわかっても，人の性格が遺伝子だけから完全に予測できるとはあまり期待できないといえます。

3. 遺伝と環境の影響
　双生児法やゲノムの分析などを通じて性格や知能，心の働きなどへの遺伝の影響を分析しようとする心理学は行動遺伝学とよばれ，この30年ほどで非常に大きな研究成果をあげています（Plomin, 1990; 安藤，2000）。

(1) 遺伝の性格への影響
　行動遺伝学によると，人の性格は最大で半分くらい遺伝によって決

まっています。さまざまな性格特性について遺伝と環境の影響を調べた結果，その遺伝率は20％から50％くらいでした。遺伝率というのは，その性格を決めるさまざまな要因のうち，遺伝で決まっているものがどのくらいの割合になるかを指す言葉です。

　面白いことに，性格のさまざまな特性に遺伝が影響する度合いは，性格特性によってかなり大きく異なります。行動遺伝学の研究では，神経質傾向，攻撃性や不安など，気質の領域に属する性格特性では50％前後の高い遺伝率がみられたのに対して，外向性や道徳性など対人関係に関わる性格領域では30～40％前後，趣味や芸術の好み，政治的態度などでは20％程度の遺伝率しかみられませんでした。

(2) ポリジーンと非相加的遺伝

　また，「性格を決める力のうち50％が親からの遺伝である」ということは，必ずしも子どもの性格が50％親に似る，ということを意味しません。親から子どもへの遺伝が生じるときには，父親の遺伝子と母親の遺伝子が半分ずつ子どもに伝えられます。このときに父親からの遺伝と母親からの遺伝が相互作用して，父親にも母親にもあまり似ていない，新しい特徴を子どもに与えることがあります。このように，性格に関係する複数の遺伝子（ポリジーン）が相互作用することによって新しい特徴が生まれることを非相加的遺伝といいます。

　顔の遺伝はその典型的なもので，顔のパーツごとに見れば目は母親似，口は父親似，とわかるものの，顔全体の印象は父親とも母親とも似ていない，ということがよくあります（図4-2）。性格についても同様で，性格が遺伝の影響を強く受けるからといって，子どもの性格が親にそっくりになるとは限らないのです。

　行動遺伝学による「性格の半分くらいは遺伝で決まっている」という知識は，ゲノム分析どころか双生児法もなかった時代から私たちが漠然ともっていたイメージにかなり近いもので，意外性はありません。子どもの性格が親に似る，ということは常識的に知られていますし，だからといって親と子どもの性格がまったく同じになるわけではないことも，誰でも知っている事実です。しかしそのことがきちんとした科学的な分析によって確かめられたことは大きな成果ですし，それによって遺伝の影響だけでなく，残りの半分を占める環境の性格への影

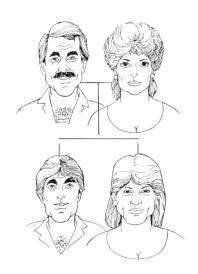

▲図 4-2　顔の非相加的遺伝のイメージ
(Lykken et al., 1992)

響もまた，科学的に分析できるようになったのです。

4. 性格に影響を与える環境

　性格に遺伝が影響するのが常識であるのと同様に，性格に環境が影響することも常識といえます。公共の場所で非常識な行動をする人を見ると「親の顔を見てみたい」「どんなしつけをされたんだか」と思いますが，そのとき私たちは親の育て方やしつけが，その人の行動の特徴，つまり性格に影響を与える，ということを前提にして考えています。

(1) 家庭環境と養育態度

　心理学では環境という言葉を「人の体の外側にあって，人に影響を与えるものすべて」というとても広い意味で使いますが，生まれ育った家庭や親の育て方，親からのしつけといったことは，そうした環境の力の代表的なものです。

　行動遺伝学が，遺伝が性格に与える影響を明らかにしたことは前に述べましたが，それと同時に，環境が性格に与える影響はどのくらいのものなのか，そして環境の中でもどのような要因が性格に大きな影

響を与えるのか，ということについてもたくさんの知識をもたらしています。

性格に影響を与える環境の力という意味でも，家庭環境，特に親の養育態度は古くから注目されてきました。前述したように，親の育て方，しつけ方が子どもの性格に影響するというイメージは，一般的にも共有されているものですし，精神分析理論などの心理学理論も，親の養育態度が性格に影響を与える仕組みについて分析してきました。こうした立場からは，きょうだいの性格が似ることには遺伝の影響もあるが，主に同じ家庭環境を共有して，同じ親から同じように育てられること（共有環境）の影響が大きい，と考えることが普通でした。

(2) 非共有環境の大きな影響

こうした古典的な考え方をくつがえしたのも行動遺伝学です。行動遺伝学ではきょうだいの性格に環境が与える影響を，親のしつけなどの共有環境と，学校や友達関係など，きょうだいとの共有がない環境（非共有環境）に分けて分析することが可能です。こうした分析によって，知能の形成には共有環境がとても大きく影響し，非共有環境の影響は小さいのに対して，性格については共有環境より非共有環境のほうがはるかに大きく影響することがわかっています（酒井，2013）。

この「親の養育態度が子どもの性格に与える影響は意外に小さく，友達関係など家の外の環境の影響のほうが大きい」という事実は，行動遺伝学だけでなく発達心理学の研究からも示されています（Harris,1998）。児童期から青年期にかけて私たちが学校などでどのような人と知り合い，それらの人々とどのような関係を結び，そこで何を経験するかが，大人になってからの性格に親の養育態度と同じかそれ以上の影響を与える，ということがわかったのは最近の性格心理学の大きな成果といえます。もちろん親の育て方，養育態度が性格に影響しないわけではないのですが，人の性格形成を考えるときにあまり家庭環境や親の育て方ばかりを重視するのは適当でないといえるでしょう。

3節　性格の一貫性と変化

1. 明るい性格の人はいつも明るい？

　さて，人の性格について考えるときに忘れてはいけないもう1つの大きな問題に「性格の一貫性」という問題があります。これは，ある性格特性と関連する行動が，どのくらい状況や場面を超えて一貫しているのかという問題で，言い換えれば，明るい性格の人はいつも明るいのか，勝手な性格の人はいつも勝手なのか，という問題です。

(1) 性格の一貫性と性格心理学

　普段明るい性格の人でも明るくなくなるときがあったり，勝手な性格の人でも勝手が許されない場面ではそうではなくなるでしょうから，性格の一貫性というものが100％でないことは誰にでもわかります。しかし一方で，一貫性がまったくの0％で，時と場合によって明るくなったり暗くなったりころころ変わるというのでは，その人の性格を知ってもその人の行動を理解したり予測したりすることができなくなるので，そもそも性格を知ること自体にほとんど何の意味もなくなってしまいます。そうしたことから，性格にどのくらいの一貫性があるかというのは，性格心理学や性格検査の存在意義に関わる大きな問題といえます。

(2) ミシェルと一貫性論争

　アメリカの心理学者ミシェル（Mischel, W.）は，さまざまな研究の中で得られた性格と行動との関係についての心理学的データを再分析して，こうした性格の一貫性が30％くらいしかないことを示しました（Mischel, 1968）。ミシェルがその証拠としてあげた1つの研究では，性格検査によって道徳性を測定された少年少女たちが，さまざまな場面で道徳的に行動するかテストされました。その結果，実際に困った人を助けたり，誰も見ていなくてもゲームでズルをしないなど，道徳的な行動を示すかどうかはそれぞれの場面の状況要因によって決まっており，性格検査の結果から予測することはできませんでした。こうしたデータの積み重ねから，ミシェルは性格の一貫性は非常に低く，性格を知ることから人の行動を理解したり，予測したりする

ことはできないと主張したのです。

　こうしたミシェルの主張は性格心理学の存在意義を揺るがすものであったため，大きな論争になりました。この論争のことを「一貫性論争」または「人か状況か論争」といいます（渡邊，2010）。そして30年近く続いた一貫性論争の中で，いくつかのことがわかってきました。

2. 性格と状況の関係

　まず，ミシェルの主張の中心である，さまざまな場面での人の行動が，その人の性格，特に性格検査でわかる性格から予測できる程度は30％かそれ以下である，ということに多くの心理学者が反証を試みましたが，うまく反証できた者はいませんでした。つまり，人の行動はその行動が起きる場面の状況要因に大きな影響を受けるので，性格から予測できる部分は比較的少ない，というのは事実と考えて間違いないということです。では，人の行動を理解したり予測したりするために，その人の性格を考えることには意味がないのでしょうか。そうともいえない，というのが現在の性格心理学の考え方です。

(1) 個々の行動の積み重ね

　私たちの個々の行動は確かにその場の状況要因の影響を大きく受けるものです。今，歩いている自分の目の前に信号のある横断歩道があるときにそこを渡るかどうかは，信号が青かどうか，車が来ているかどうか，そもそも道の向こう側に渡る必要があるのかといった状況要因によって決まり，自分の性格はほとんど関係がないでしょう。

　しかし，信号を渡るという場面は一生のうちに何度も繰り返されますが，それらを積み重ねてみていったらどうでしょう。いつも信号を守って渡る人とときどき赤でも渡る人，青でも小走りで渡ることが多い人と点滅していても常にのんびり歩く人，という個人差が見えてきて，それが性格と関係しているのではないでしょうか。このように，ある1つの場面や状況での行動だけを見たら性格との関係は小さくても，似たような場面の繰り返しの中に性格が現れてくる，ということがあり，それはいくつかの研究でも実証されています（Krahé, 1992）。

(2) 性格の個人間一貫性

　また，状況によって行動は大きく変わっても人と人とを比較したときの順番には一貫性があり，それが性格なのだ，という考え方もあります。図4-3は，結婚式とお葬式という2つの状況における4人の「明るさ」を示したものです。パターンAは結婚式でもお葬式でも，明るい人は同じように明るく，暗い人は同じように暗くふるまったことを示しています。ここでは性格の一貫性がはっきりと示されていますが，現実にはこのようなことはなく，多くの人は結婚式では明るく，お葬式では暗くふるまうでしょう。

　パターンBでは，結婚式ではみんなが明るく，お葬式ではみんなが暗くふるまうとともに，結婚式では明るかったアツシさんが一番暗く，結婚式では暗かったヤスヒロさんはあまり暗くなっていません。ここでは「性格の明るさ」に一貫性はまったくみられない，ということになります。

　一方，パターンCでは，結婚式とお葬式では全体がお葬式で暗くなっているけれども，結婚式で一番明るかったアツシさんはやはり明るいほう，一番暗かったヤスヒロさんはやはり一番暗いほうに位置していて，明るさの順番は変化していません。パターンCのような場合には「性格の明るさ」は場面によって大きく変化するけれども，誰が明るくて誰が暗いか，という順番は一貫しています。これを「性格の個人間一貫性」といい，私たちの性格にはそうした一貫性はあると考えることが多くなっています。

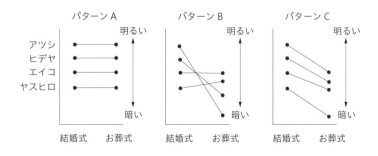

▲図4-3　性格の個人間一貫性のイメージ

(3) 性格と人生

　ミシェルが指摘したことは基本的に正しく，私たちがその場その場でどのような行動をするかは状況の影響を大きく受けて決まっており，明るい性格の人はいつも明るい行動をするというような単純な一貫性は存在しません。その意味で，性格を知ることからその人の個々の行動が説明できたり，予測できたりする程度はかなり限られたものだということができますし，たとえば採用試験の性格検査で，就職後の職場での行動を予測するようなことは控えめにしたほうがいいでしょう。

　しかし，人の行動をある程度長い間いろいろな場面で見ていくと，その中で状況に影響されない，安定した特徴としての性格が見えてくることも確かです。最近，人の長期的な健康や仕事，人生での成功などが性格測定から予測できる，という研究がたくさん出てきています (Ozer & Benet-Martínez, 2006)。このことは，性格はその場その場の行動を説明・予測するのにはあまり役に立たないけれど，その人の長い人生の姿を予測するのには役立つかもしれないことを示唆します。もしかすると，性格を知ることの意味はもともとそちらにあるのかもしれません。

3. 性格の認知

　ここまで，性格の一貫性というのは限られたもので，人の行動は状況の力で大きく変わる，という話をしましたが，これは私たちの日常的な感覚とは大きくかけ離れています。私たちは普通，自分や他者の性格は非常に一貫したもので，状況によって変わったりはしないものだと感じています。そうした日常的な性格認知と性格心理学の知識とのズレを「一貫性のパラドックス」ということもあります。では，このようなズレはなぜ起きるのでしょうか。

(1) 状況の限定性

　その1つめの理由は，私たちが他者の行動を観察する状況がごく限られているということです。自分の家族が，家庭以外の場所でどのように行動しているかを見る機会というのは滅多にありません。家ではのんびりしているお父さんが，職場という状況では豹変してせっかちに仕事をしているとしても，家族は家という状況でのお父さんしか

見ることができないので，お父さんはいつものんびりしている，おっとりした性格だと認識し，その性格が一貫していると信じるのです。

(2) 状況要因としての自分

2つめの理由は，私たちが他者の行動を観察してその人の性格を知ろうとするときには，自分自身の存在が強力な状況要因として他者の行動に影響を与えているということです。会社ではせっかちなお父さんが家ではのんびりしているのは，愛する家族と一緒で安心し，リラックスしているからでしょう。もし家族の誰かが会社で働くお父さんを見にいったなら，会社にも愛する家族がいることになって，お父さんの行動もいつもの会社モードから少し家モードに戻ってしまうかもしれません。

このように，その人の行動を観察している自分の存在自体が状況要因として相手の行動に影響を与え，自分の前にいるときの相手の行動に共通性が生まれてしまうことも，私たちが他者の性格に一貫性を感じる大きな理由になっています。

(3) 認知のバイアス

他者の性格が一貫して見える3つめの理由は，そう思い込むとそう見えてくる，という認知のバイアスです。血液型と性格との関係は心理学的には否定されていますが（大村，2012；縄田，2014），そういわれても関係があるように見えて仕方がない人は多いと思います。これは，血液型と性格に関係があると思って他者の行動を見ていると，A型ならA型らしい行動，O型ならO型らしい行動ばかりが目立って見え，印象に残りやすいのに対して，B型なのにB型らしくない行動は目立ちにくく忘れられやすいからです。同様に，この人は意地悪な性格だと思っていると，その人の意地悪な行動は目立って印象に残るのに対して，時と場合によって意地悪でない行動は印象に残らなくなり，意地悪な性格が一貫しているように見えるのです。

ただ，人間の認知の仕組みやものの見え方というのは，人類の歴史の中で適応に役立ってきたからこそそのように進化してきた側面があるので，私たちがこのように性格の一貫性を実際より大きく認知しやすいことも何かの役に立っているのかもしれません。今後の進化心理

学的な研究が待たれます。

4. 性格の変化

　人の性格は変わるのでしょうか，変わらないのでしょうか。遺伝が性格に及ぼす影響は一生にわたって変わらないことから，人の性格のうち遺伝で決まる部分もあまり変わらないことが予想されます。もっとも，遺伝が性格に与える影響は年齢によって変化し，若いときよりも年をとってからのほうが性格への遺伝の影響が大きくなる，という報告もあります。

　一方，人の性格のうち環境で決まる部分は，その人を取り巻く環境が大きく変化すれば変わる可能性をもっています。その意味で，性格は変わるものだということができます。若いときの性格には遺伝の影響が比較的少ないというのも，若いときには進学や就職，親からの独立や結婚などで環境が大きく変わりやすく，それに応じて性格も変化しやすいからでしょう。

　性格の変化には，環境の大きな変化によって生じる「性格変容」と，日常生活の中での環境の移動にともなって生じる「モード性格」の2つのパターンがあります（サトウ・渡邊，2011）。

(1) 性格変容

　人生の中で大きな節目になるような経験のことをライフイベントといいますが，ライフイベントを経ることで性格に大きな変化が生じることがあります。こうした性格の変化を性格変容といいます。性格変容は家庭環境の変化や結婚・出産，学校への入学や卒業，就職や転職，失業などの大きなライフイベントにともなう，周囲の環境の劇的な変化によって生じます。名うての不良少年だった人が結婚して子どもができたのを機に仕事に打ち込むようになるとか，素直で明るい少女が恋人とのつらい別れを経て少し陰のある性格に変わる，といったことが性格変容です。

　性格変容は不可逆性という特徴をもっています。大きなライフイベントによって変わった性格は，それからまた環境が変わっても元に戻ることはありません。人にひどく裏切られた経験から作られた疑い深い性格は，その後もその人の性格を特徴づけることになります。

（2）モード性格

　学校にいるときの自分と，家にいるとき，バイトをしているときの自分は同じ性格でしょうか。もちろん基本的な部分は同じでも，学校にいるときは元気で明るい性格をアピールしているが，家に帰ると物静かであまりしゃべらないとか，日頃は消極的な性格だがバイト先でだけは積極人間に変化する，といったことは大なり小なりあると思います。私たちは日常生活の中でいろいろな環境の間を移動して暮らしていて，その環境で出会う人や，そこでの自分の役割に合わせて少しずつ，時には大胆に性格のモードを切り替えているのです。

　こうしたモード性格は性格変容とは違って可逆的です。バイトモードで積極人間になった自分は家に帰ってくると家モードで静かな自分に戻りますし，学校に行ってからバイト先に行けばまたバイトモードになります。

　モード性格と混同されやすいものに多重人格があります。多重人格は1人の人の中にいくつもの人格（パーソナリティ）ができて，それが入れ替わって現れる病気です。性格が変わってしまう，という点ではモード性格と似ていますが，モード性格が環境や状況の変化と連動して入れ替わるのに対して，多重人格の入れ替わりは不規則であること，モード性格では性格が変わっても「自分が自分である」というアイデンティティは維持されるのに対して，多重人格ではアイデンティティ自体が入れ替わってしまい，自分の認識している名前や記憶などが別人になってしまうことが大きく違います。多重人格が病気とみなされるのに対して，モード性格は健康な人間の性格の1つの姿だといえます。

（3）性格を変えるには

　自分の性格に気に入らないところ，嫌なところがあって悩んでいる人は多いと思います。では，そうした性格の欠点を変えるにはどうしたらいいでしょう。性格への遺伝の影響は変えられませんが，まず，自分の性格を作っているのは遺伝だけではなく環境，特に周囲の人たちとの関係であると認識することが大切です。

　そして，性格を変えるためには自分の意識を変えるとか願をかけるとかではなく，自分を取り巻いている環境を変える必要があります。

自分の今の性格の欠点は家族関係や友人関係，職場の人間関係の中で作られ維持されているのですから，そうした家族のいる家を出る，離婚する，友人と縁を切る，仕事を辞めるなどしてそうした環境を切り捨てれば，性格を変えることが可能です。

　しかし現実に環境を変えることは，言うのは簡単ですが実行するのはとても難しいことです。そこで環境を変えることが難しいときに助けになるのが，「新しい環境を作り出す」という方法です。今ある環境と人間関係の中で性格の欠点が維持されているのなら，これまでなかった別のモードの自分でいられる新しい環境を生活の中に作り出すことで，その環境にいるときだけはより良い性格の自分にモードを切り替えることができます。

　バイトを始める，資格の勉強をする，ボランティアに行ってみる，合唱サークルに入ってみるなど，何でもいいので，今までと違う場所で,違う人たちと一緒にいる時間を作りましょう。そこでは華麗にモードを切り替えて別の自分になりましょう。そして，その新しい環境が自分の生活にもつ意味を少しずつ，少しずつ大きくしていくことで，新しい自分を見つけることができるのです。

第5章

性格理論

活かせる分野

1節　類型論

1.「わける」こと

　目の前に数多く多様なものがあるときに、それを分類して整理することは、そのものを理解するための第一歩となります。たとえば多くの動物を、イヌやネコ、ゾウやキリンといった哺乳類、トカゲやワニやカメを爬虫類、カエルやイモリを両生類、タイやヒラメやコイを魚類といったように分類することは、その背景に共通する特徴を推測するためにとても役に立ちます。なぜなら、イルカについて知らない人と一緒に海の中を泳ぐイルカを指差して、「イルカは哺乳類です」と言えば、その人はイルカが卵から生まれるわけではなく赤ちゃんを産み、水温によって体温が変動することなく一定の温度を保っていることを推測することができるからです。

　同じように、人間に対しても何らかの枠組みで分類しようと試みることがあります。たとえば中国人と日本人、ロシア人とアメリカ人といった国籍による分類、愛知県生まれと東京都生まれといった出生地による分類、東京大学出身者と早稲田大学出身者のように出身学校による分類などです。このような人間を対象とした分類は、日常的に多くの人が行っていることではないでしょうか。

　表立って目に見えないような特徴で人々を分類することもあります。

たとえばクラスの中にいる人々を,「明るい人」と「暗い人」に分類するようなやり方です。この分類方法が国籍や出身大学による分類と異なるのは,「明るい」「暗い」という言葉が比喩表現であり, 人間の「明るさ」は直接目にすることができない点にあります。たとえ, とても明るい人物であったとしても, 物理的に光っているわけではありません。「今日あの人は眩しいよね。近くにいると日焼けしてしまう」という現象は実際には生じないのです。人の「明るさ」というのは, 明るい雰囲気であり, 明るい性格であり,「明るい」と表現することによってその人の何らかの特徴を説明しようとしているのです。

2. 四気質説

紀元前4世紀頃, 古代ギリシャの医師ヒポクラテス (Hippocrates) は, 人間の体液には血液, 黄胆汁, 黒胆汁, 粘液という4種類があり, その混合の具合によって身体の不調が生じると考えました(四体液説)。また2世紀頃, ギリシャ・ローマの医学者であったガレノス (Galenus) はヒポクラテスの四体液説を継承し, 人間の気質的特徴の違いをそこに当てはめた四気質説へと発展させました。なお, ギリシャ人は物事を4つに分類することを好んでおり, 季節や人生の段階, 惑星, 元素(空気, 火, 土, 水)なども4つに分類し, これらの組み合わせによって世界や心身を理解しようと試みていたようです (Frances, 2013／青木訳, 2013)。またこの体液のバランスの崩れが病気を生み出すという考えは, 瀉血や緩下剤, 吐剤や利尿剤の使用によって体内の体液をコントロールするという治療行為へとつながりました(藤倉, 2011)。

表5-1は, 四気質説の内容を整理したものです。血液に対応するのは快活で明朗な多血質, 黄胆汁に対応するのはせっかちで短気な胆汁

▼表5-1 四気質説の特徴 (小塩, 2014)

体液	気質	特徴
血液	多血質	快活, 明朗, 社交的, 気が変わりやすいなど
黄胆汁	胆汁質	せっかち, 短気, 積極的, 興奮しやすいなど
黒胆汁	憂うつ質	用心深い, 消極的, 敏感, 悲観的, 無口など
粘液	粘液質	冷静, 勤勉, 冷淡, 粘り強さなど

質，黒胆汁に対応するのは用心深くて消極的な憂うつ質，粘液に対応するのは冷静で勤勉な粘液質です。なおこれらの対応は科学的な調査に基づくものではありません。黄胆汁は黄色で火のイメージ，粘液は透明で水のイメージなど，その体液の特徴からイメージされた特徴だということがわかるのではないでしょうか。

　四気質説は単にイメージのつながりであり，実際にこの4つの体液のバランスが何かの影響をもたらすという考え方は医学的にも正しいものではありません。ところがこの説は他のギリシャ・ローマ時代の学問と同様に，キリスト教の普及とともにヨーロッパではいったん下火になったものの，イスラム世界に受け入れられた後，再び中世以降のヨーロッパに広まっていきました（藤倉，2011）。そしてこの人間の四類型論は，20世紀に入っても人々に知られることになる，非常に息の長い理論として受け継がれてきました。

　日本人にとって身近なところでは，この四気質説が血液型性格判断に反映しているということがあります。古川（1927）は，ABO式血液型と気質との関連を検討し，O型が粘液質，A型とAB型が神経質（憂うつ質），B型が多血質に相当すると述べています。この基本的な図式は，1970年以降に広まった血液型性格診断にも受け継がれています（能見，1971）。なお実際には，血液型と自己報告式のアンケートで得られた得点との間にはほとんど関連は認められません（縄田，2014）。

3. 体格による分類

　四気質説のように，類型論は身体の特徴と結びつけられやすいようです。20世紀初めにドイツの医師クレッチマーは，体格と気質との関連を検討しました（Kretschmer, 1921／斉藤訳，1944）。クレッチマーは精神病院に入院している患者の体格を詳細に記述する研究を行う中で，特定の症状が特定の体格に関連することを見出しました。具体的には，痩せた細長型の体型は統合失調症に多く，丸い肥満型の体型が躁うつ病に多かったのです。その後，他の研究者が筋肉質の闘士型の体型がてんかん患者に多いという報告を行い，のちにクレッチマーはその関連を自説に取り入れました。

　表5-2は，クレッチマー説の体格と病理，気質とその特徴をまとめ

▼表 5-2　クレッチマーの体格・病理・気質の対応 (Kretschmer, 1921 ／斉藤訳, 1944)

体格	病理	気質	特徴
細長型	統合失調症	分裂気質	非社交的，内気，臆病，神経質，恥ずかしがり，正直，愚直など
肥満型	躁うつ病	循環気質 躁うつ気質	社交的，親切，明朗，ユーモアのある，活発，落ち込みやすいなど
闘士型	てんかん	粘着気質	執着，変化・動揺の少なさ，几帳面，秩序を好むなど

たものです。当初は体格と精神病理を関連づけたクレッチマーでしたが，当時は特定の精神病理に結びつく可能性のある病前性格という考え方がありました。そこから，一般の人々においても体格と病前性格との関連があるのではないかという理論に発展していきます。

　アメリカの心理学者シェルドン（Sheldon, W. H.）は，体格・体質心理学を提唱し，男子学生約 4,000 名の体格を調査することでおおまかに 3 つの類型が可能となることを示しました（Sheldon, 1954）。また過去の文献から性格用語を整理し，3 つの気質を見出します。丸い体型で肥満型の内胚葉型は，内臓緊張型気質に対応し，くつろぎや安楽，食にこだわる特徴を有します。骨や筋肉の発達が目立つ中胚葉型は身体緊張型という気質に相当し，大胆で活動的，自己主張が強いなどの特徴をもちます。そして神経系統や皮膚組織が発達した外胚葉型は頭脳緊張型とよばれ，控えめで過敏な特徴となります。これらの類型は，おおよそクレッチマーの類型と対応しているように見えます。

　私たちは，太った人や痩せた人を見ると，特定のイメージを抱く傾向にあります（Johnson, 1990）。またテレビドラマやアニメ，漫画に登場する大学教授や研究者は背が高く痩せ型で，鼻が高くメガネをかけているイメージで描かれることが多いように思います。確かに人々のイメージの中では，特定の体格と性格の結びつきがみられるようです。しかし，大学にいる教員を見回してみればわかるようにそれぞれの体格はさまざまですし，ダイエットやトレーニングをすることで体型が変化することもあります。トレーニングによって細長型から闘士型になったら，分裂気質から粘着気質に変わるのでしょうか。確かに，体型は他者から見たその人物の印象を大きく規定する要素の 1

つです。また，クレッチマーやシェルドンが示した気質類型の特徴の記述内容は，人々の特徴を記述する際に役立つものです。しかし，体型だけを見てこの人がこのような心理的特徴をもつと断定してしまうのは，問題があるように思われます。

4．その他の類型論

　スイスの精神医学者ユング（Jung, C. G.）は，精神力動的な観点から心理学的なタイプを提唱しました（Jung, 1976/1921）。一般的な態度として外向性と内向性の2タイプ，心理機能のタイプとして思考・感情・感覚・直感の4タイプが仮定されています。これらを組み合わせると，人間を8つのタイプに分けることになります。たとえば外向的思考タイプは客観的な事実を重視し，筋道を立てて志向する特徴をもつのに対し，内向的思考タイプは，自分の内的事実を重視して筋道立てた思考をする傾向にあります。また外向的感覚タイプは身体的感覚を重視するのに対し，内向的感覚タイプは主観的な印象を重視する特徴をもちます。

　ドイツの哲学者であり心理学者でもあるシュプランガー(Spranger, E.)は，多面的な心的活動を統合的に把握するために，個人がどの価値に心を向けるかによって6つの類型を示しました（Spranger, 1921／伊勢田訳，1961）。理論型は知的体型の追求に価値を見出し，経済型は実用的価値を重視します。権力型は他者を支配することに価値を置き，審美型は芸術的活動に価値を置きます。社会型は社会福祉活動に価値を置き，宗教型は宗教的活動に価値を置きます。

2 節　特性論

1．評価の観点

　多くの写真を整理しようと試みるとき，その写真を「人物」「風景」といったように，そこに写っている内容によって分類するという整理方法があります。しかし，それぞれの写真は「人物だけ」「風景だけ」が写されているとは限りません。自然豊かな風景の中に人物も写っている写真もあるはずです。そのような写真は，「人物」のカテゴリにも「風景」のカテゴリにも入れることができてしまいますので，明確

に分類することが難しくなってしまいます。

　そこで，1枚1枚の写真にタグをつけるという方法をとることがあります。これは，ある写真に含まれている要素を付せんのように記述するという手法です。たとえば，人物も風景も写っている写真であれば「人物」「風景」というタグが，風景だけが写っている写真であれば「風景」というタグだけがつけられるという具合です。

　このタグは，もっとたくさんのものをつけることができます。たとえば同じ人物であっても「家族」「友人」「クラスメイト」「知らない人」，同じ風景であっても「木」「建物」「山」「海」「雲」といった具合です。このようにタグを細かくつけていくと，ある写真には「家族」「木」「山」「雲」が含まれているといったように，その写真の特徴が詳細に記述されるようになっていきます。

　加えて，それぞれのタグについて，写真に含まれている場合には1，含まれていない場合には0と数値を割り振ることができます。たとえば，次のような具合です。

　　　　　写真A：家族1，友人1，木0，建物0，山1，海0，雲0
　　　　　写真B：家族0，友人0，木1，建物1，山0，海1，雲1

　このように記述すると，写真Aは山の中で家族と友人が写る写真，写真Bは木と建物が海の近くにある写真であることが，1と0の数値で表現できることになります。これは，複数の類型を同時に表現していることにもなる点に注意してください。たとえば「家族」のタグに注目すれば，それが「ある」写真と「ない」写真に分類することが可能です。同じように，別のタグに注目すれば，そのタグで写真を分類することができるのです。

　さらに，このタグは必ずしも具体的な物事である必要はありません。「明るさ」「重厚さ」「活発さ」など，写真から抱く印象をタグにすることができます。そして，その印象を「ある」「ない」ではなく「どれくらいあるか」という程度で表現することもできます。

　　　　　写真A：明るさ5，重厚さ2，優雅さ4，深刻さ1，活発さ5
　　　　　写真B：明るさ2，重厚さ5，優雅さ5，深刻さ4，活発さ2

▼表 5-3　複数の評価を同時に行う

	活発さ	安定度	知的さ	まじめさ	やさしさ
A さん	90	20	50	20	50
B さん	20	20	90	80	50
C さん	30	80	50	70	80

　このように記述すると，写真 A は明るくて優雅で活発な，パーティの写真のようなイメージの写真であり，写真 B は重厚で優雅で深刻な，結婚式会場のようなイメージの写真であることが表現されます。

　この表現の仕方と同じようなやり方を，人間に対して適用することを考えてみましょう。表 5-3 に 3 名の人物例を示します。A さんは活発ですが情緒的に不安定な面があり，あまり真面目ではない性格として表現されています。それに対して B さんは，情緒的な不安定さは A さんと同じなのですが活発ではなく，知的で真面目な面をもった人物です。そして C さんは，情緒的に安定していてやさしい人物として描かれます。このようにそれぞれの人物を多面的に評価することで，多くの人をその人独自の特徴として描き出すことができます。なお，この表には 5 つの評価の観点でそれぞれの人を記述していますが，評価の観点をどんどん増やすことも可能です。また，ここでは 100 点満点であるかのように数値を記載していますが，それぞれの評価点を何点満点で表現しても構いません。重要なことは，他の人と比べてどのような得点をとっているかということであり，それぞれの性格の評価は相対的に行われます。

　このような個性の表現方法をとるのが，特性論という考え方です。表内の「活発さ」「安定度」のような評価の基準となるものを性格特性といいます。では，実際にこの性格特性はいくつ想定することができるのでしょうか。

2．性格特性語の探求

　性格特性の数は，どのように確かめることができるのでしょうか。その 1 つの方法が，言葉を調べていくことです。人間の性格表現はふだん私たちが使用している言葉の中に反映されているという仮定を，語彙仮説とよびます。この仮定に基づいて，辞書に掲載されている単

語の中から性格特性を探していく研究を，心理辞書的研究といいます。性格は必ずしも言語だけに表現されているわけではないかもしれません。まだ人々が気づいておらず，言語化されていない性格があるかもしれません。しかし，人間の特徴を表現するためには，言語化が不可欠です。また，ある性格の特徴が多くの人の間に共通して認識されているのであれば，それは日常的に使用される言葉に反映し，その言葉がある程度の期間使用され続けるのであれば，辞書に掲載されるはずです。このようなことから，辞書を調べる研究が複数の研究者によって行われるようになっていきました。

　その中でも，アメリカの心理学者オールポートとオドバート（Odbert, H. S.）は，当時40万語が掲載されていたウェブスター新国際辞典から，人間を形容するのに可能な単語の抽出を試みました（Allport & Odbert, 1936）。彼らが見つけた単語は17,953語であり，掲載語数の約4.5％でした。そして，抽出した単語を4つに分類します。第一に，実際の性格特性語と考えられる単語であり，個人にとっての一貫して安定した環境への適応に関わる単語だとされるものです。「攻撃的」「内向的」「社交的」などの単語がこれに相当します。第二に，当面の活動や一時的な心的・感情的状態を指す言葉です。「まごつく」「あわてる」「喜ぶ」などがこれに相当します。第三に，評価をともなう特徴を表現する語です。「つまらない（人物）」「好ましい」「立派な」などがここに含まれます。そして第四に，これら3つに含まれないその他の語です。ここには，行動を説明する語や身体的特徴を表す語などが含まれます。これらの分類を行った結果，第一の実際の性格特性用語には4,504語が分類されました。このことは，もしも1つの単語を1つの性格の評価基準だとみなすのであれば，おおよそ4,500前後の評価基準が存在することを意味しています。

　このような心理辞書的研究は，オランダ語，イタリア語，ドイツ語，ハンガリー語をはじめ世界各国の言語で行われていきました。日本においては，青木（1971）が，明解国語辞典に収録されている単語の中から何らかの意味で人あるいは人の状態を，他の人または他の人の状態と区別するのに用いられる言葉を選択するという作業を数人で行い，3,862語を選択しました。青木はオールポートとオドバートと同じように抽出した単語を分類し，表5-4のような分類カテゴリに整理

▼表 5-4　青木による語の分類カテゴリ（青木，1971）

カテゴリ	例
1. 個人の傾向性という実在に対応する中性語，一貫して永続的な意味をもつ用語	愛想のよい，開け広げな，飽きっぽい，あっさりした，甘えのある，荒々しいなど
2. 良い悪いの評価，印象，検閲的，賞賛，非難などを表現する用語	愛らしい，青臭い，垢抜けた，浅ましい，あだっぽい，厚かましいなど
3. 一時的気分，情緒的状態，ある時点での刺激によって触発された行動の形態，体型，生物学的特徴を述べる用語	青い，青黒い，青白い，青瓢箪，赤ら顔，浅黒いなど
4. 形容語というより類型をまとめて特徴を述べる用語	田舎者，売れっ子，右派，英雄など

しています。この第1カテゴリに分類された単語は517語ありましたが，いくつかの語を取捨選択して455語を性格特性用語としています。

村上（2002；2003）は，広辞苑第5版から性格表現に関係する用語を抽出する試みを行いました。その結果，950語が抽出され，その言葉を取捨選択，整理することで最終的に名詞539語，形容詞142語，動詞103語，副詞37語，複合語113語の計934語がリスト化されました。

全体として，それぞれの国で辞書に収録されている単語のうち，おおよそ5％から10％程度が，広く人間の性格に関連する単語として用いられているようです（小塩，2014）。

3. 性格特性の探求とビッグ・ファイブ

単語には類義語と反意語があり，類義語とは判断されなくても，おおよそ似た意味の単語というものがあったりします。似た意味をもつ言葉や逆の意味をもつ言葉を整理する良い方法はないでしょうか。そこで用いられたのが，因子分析とよばれる統計手法でした。ある人間の形容語が自分自身や周囲の人にどのくらい当てはまるかを尋ねて，程度を答えてもらいます。そうすると似た意味の言葉であれば，同じような回答パターンが得られるはずです。そのデータに対して因子分析を施すことで，似た回答が得られた単語を統計的にまとめることができるということです。

このような統計手法を用いる際には，多くの単語について多くの回答者のデータを集める必要があります。また，そのような大量のデータに対して統計処理を施すためには，コンピュータとソフトウェアの発展が不可欠です。このような整理手法は，コンピュータの発展とともに盛んに用いられるようになってきたのです。

　多くの研究者たちが，人間の性格特性がいくつになるのかを明らかにしようと，因子分析を利用した研究を繰り返してきました。その中で次第に多くの研究者が，人間の性格全体を5つの性格特性で記述することができると考えるようになっていきました。この5つの性格特性は，ビッグ・ファイブ（Big Five）や5因子モデル（Five Factor Model）とよばれます。

　表5-5は，ビッグ・ファイブの5つの性格特性の特徴を整理したものです。第一の性格特性は神経症傾向（Neuroticism: N）や，逆向きの特性として情緒安定性（Emotional Stability: ES）とよばれます。神経症傾向の高さは全般的な感情の不安定性を意味し，抑うつや不安，怒りや敵意の感じやすさ，衝動性の強さが特徴的です。神経症傾向は精神的な病理につながりやすいことなど良くない面が強調されがちですが，危険をすばやく察知することでうまく対処する行動へとつながる利点があるともいわれています（Nettle, 2007／竹内訳, 2009）。

　第二の性格特性は外向性（Extraversion: E）です。外向性は積極的にさまざまな活動を行う傾向や，刺激を求めたり，人と交流することを好んだりするという特徴をもちます。外向性の高さはポジティブな情動にも関連する一方で，ネガティブな情動は神経症傾向に関連します。ポジティブな情動とネガティブな情動は裏表の関係ではなく，ある程度互いに独立した関係性にあることが，このことからもわかります。

　第三の性格特性は開放性（Openness: O）であり，経験への開放性（Openness to Experience）ともよばれます。開放性は好奇心の高さに関連します。開放性の高い人物は，新奇なものや芸術，複雑な知的作業に興味を示し，伝統的なしきたりよりも新しい価値に魅力を感じます。開放性の低さは，型にはまった思考をしたり伝統を重んじたりする保守的な傾向を示す特徴へとつながります。

　第四の性格特性は協調性（Agreeableness: A）です。協調性の中

心的な特徴はやさしさです。協調性の高い人物は他者を信頼しやすく，面倒見がよく，人に指示を出すよりも人の指示に従うほうを好むという特徴があります。協調性の低さは，攻撃性や他者のあら探し，ぶっきらぼうな態度などにつながる可能性があります。協調性の高さは円滑な人間関係につながる性格特性ですが，激しい競争場面では十分に力を発揮することができない可能性もあります。

　第五の性格特性は勤勉性（Conscientiousness: C）です。勤勉性の高さは，計画を立て，目標に向かって熱心に活動する，まさに真面目

▼表5-5　ビッグ・ファイブの各性格特性の内容（小塩，2010）

英語名	日本語名	関連するキーワード	主な意味内容
N Neuroticism	神経症傾向 情緒不安定性	不安・神経質 敵意・怒り 抑うつ・落ち込み 自意識過剰 衝動性 傷つきやすさ	・感情の不安定さや落ち着きのなさ ・非現実的な思考を行いがち ・自分の欲求や感情をコントロールできない ・ストレスへの対処が苦手
E Extraversion	外向性	暖かさ・他者との絆 つきあいを好む 自己主張性 活動性 刺激を求める 肯定的な感情経験	・積極的に外の世界へアプローチ ・人に興味があり，集まりが好き ・ポジティブな思考をする ・上昇志向が強い ・興奮することや刺激を求める
O Openness (Openness to Experience)	開放性 経験への開放性	空想・想像力 審美性・美を好む 豊かな感情経験 変化や新奇を好む 興味の幅の広さ 柔軟な価値観	・さまざまなことに好奇心をもつ ・新しい理論や社会・政治に好意的 ・既存の権威に疑問をもつ ・複雑であることを許容する
A Agreeableness	協調性 調和性	他者への信頼 実直さ 利他性 他者に従う 慎み深い やさしい	・社会や共同体への志向性をもつ ・他者への敵対心や競争心をもたない ・グループ活動を好む ・周囲の人からも好かれる傾向
C Conscientiousness	誠実性 勤勉性	有能感 秩序を好む 誠実さ 達成追求 自己鍛錬 慎重さ	・欲求や衝動をコントロールする ・目標や課題を達成する ・計画を立てて事に当たる ・行動する前に十分考える

な人物像を表します。また勤勉性が高い人物は，欲求や衝動性を抑制し，自分自身をうまくセーブする我慢強さも示します。結果的に，無謀な運転や大量の飲酒，喫煙，無軌道な性交渉などを避ける傾向へとつながることから，勤勉性の高い人物は低い人物に比べて多少長生きをするという研究知見も報告されています（Kern & Friedman, 2008）。

3節　類型論と特性論の去来

1．わかりやすさと詳細さ

　類型論と特性論の長所と短所はどのようなものでしょうか。

　類型論の長所は，わかりやすさにあります。類型論では「あるタイプの人はこんな特徴の持ち主である」と明確に述べることができますので，その人のイメージを明確に他者に伝えたり，理解したりすることができます。その一方で，類型論の短所は，情報量の少なさによる弊害にあります。たとえば，「肥満型」「細長型」「筋肉質」という体型に基づく類型論があるとします。おおよその見た目でこの体型を判断するわけですが，典型的なそれぞれの体型の人ばかりではありません。細長くて筋肉質の人や，細長型でも肥満型でもない中間の人も数多くいるはずです。類型論では，このような数多くいると考えられる中間の人を無視し，極端な人だけに焦点を当ててしまう傾向があるのです。また，肥満型からダイエットとトレーニングをして筋肉質な体型を目指した場合，どこまでトレーニングをすれば筋肉質の体型だとみなされるようになるのでしょうか。体型は日々少しずつ変化していきますが，類型論はその細かい変化を記述することが苦手です。

　特性論の長所は，個人差を細かく表現することができる点にあります。類型論が苦手とする細かい変化も，特性論であれば細かな得点の変化として記述することができます。その一方で特性論の短所としては，時にその人物が全体的にどのような性格であるかを把握しにくい場合があるという点をあげることができます。

2．特性から類型への変換

　このようにみてくると，類型論と特性論の長所と短所は，互いに補い合う関係にあることがわかります（表5-6）。この補い合う関係は，

類型論と特性論がもつ情報の扱い方の違いによるものです。

　類型論は情報をカテゴリとして処理します。数多くの物事を分類する処理の仕方なのですが，身長のような連続的な情報でも，平均値に線を引いて「背が高い人」「背が低い人」と分類する場合があります（図5-1）。このような線引きを行う場合は，最も人数が多いところで「高いか低いか」を判断することになります。図5-1でいえば，169cmの身長の人は「低身長」群，171cmの身長の人は「高身長」群に入ることになるわけですが，このほとんど身長が変わらない両者を「低身長」「高身長」というグループに分けてしまうことは，強引なようにも思えます。

　特性論におけるある1つの特性は，この身長のように連続的な量として表現されます。たとえば外向性の性格特性は，得点が高ければ「外向的」，得点が低ければ「内向的」という1つの数直線で表現されます。そしておそらく，身長の場合のように，中央付近に多くの人が，両端の極端な値付近に位置する人は少ないことが予想されます。ここから，「内向的な群」と「外向的な群」という2つの類型を行うというのは，連続的な外向性－内向性の数直線の中央付近（50点）に分割する線を引き，そこから高い得点（70点や80点）をとる人を「外向的な群に入る人」，その線よりも低い得点（30点や40点）をとる人を「内向的な群に入る人」というように分類することを意味します（図5-2）。

　図5-1の身長の場合も図5-2の外向性／内向性の場合も，連続的に変化するように存在する人々を，どこかの基準で分割することを示しています。これは，連続的な特性論の表現方法から，カテゴリで表される類型論の表現方法へと変換したことを意味します。

　では，逆方向の変換を行うことはできるのでしょうか。たとえば，ある人の身長が「高いか低いか」という情報を得ている状態から，その人の身長が「何cmか」という情報を得ることができるかという問

▼表5-6　類型論と特性論の長短所

	類型論	特性論
長所	わかりやすい	詳しい記述が得意
短所	詳細な記述が苦手	わかりにくい

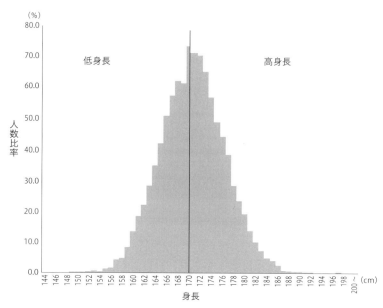

▲図 5-1　身長を高低に分類する（学校保健統計調査をもとに筆者作成）

▲図 5-2　内向性－外向性の連続と区切り　（小塩, 2014）

題です。あるいは，ある人が「外向的か内向的か」という情報がある状態から，その人の外向性の得点が「何点か」という情報を得ることができるか，ということです。このように例をあげて考えてみればわかるように，カテゴリの情報を得ているだけの状態から，長さや得点の情報へと変換することはできません。その一方で先ほど線を引いて分割したように，連続的な数値の情報からカテゴリの情報へと変換することはできます。つまり，特性論から類型論へと変換を行うことはできるのに対し，類型論から特性論へと変換を行うことはできないのです。

3. 整理の方向

たとえば，12の形容詞が自分自身にどの程度当てはまるかどうかについて，18名が回答したとします。そのようなデータに基づいて，回答者を分類することを示したのが図5-3です。ID（回答者番号）が1番から9番までの人を「類型1」，回答者10番から18番までの人を「類型2」に分類しています。このように，人をグループに分類するというのが，類型論のデータの処理のやり方です。

図5-4は，似たような得点パターンを示す変数をグループ化した様子を表したものです。これは，「あたたかい (x1)」「やさしい (x2)」「親切な (x3)」「温和な (x4)」という単語への回答を特性1とまとめ，「協調性」と名付けるようなものです。

類型論と特性論は，このようにデータの整理の方向を変えたものだということができます。類型論は人を分類する方向，特性論は変数を分類する方向に整理を行うのです。

4. 自由に行き来する

特性的な連続量を区切って分類することで類型論になるという特徴

ID	x1	x2	x3	x4	x5	x6	x7	x8	x9	x10	x11	x12
1	3	3	4	4	3	3	3	3	3	3	3	4
2	4	4	4	4	3	4	3	2	5	5	5	5
3	2	1	4	6	2	1	1	2	7	7	7	7
4	3	4	5	6	6	6	6	3	5	5	6	6
5	2	4	4	3	3	4	3	4	3	4	3
6	4	3	6	4	5	6	5	6	6	6	7
7	6	3	4	5	2	2	4	7	7	7	7
8	3	3	5	6	6	6	6	3	5	6	6	6
9	5	6	5	5	3	5	5	6	7	6	7
10	5	4	5	5	3	4	5	4	5	5	5
11	1	1	5	5	1	1	1	1	1	1	7
12	4	4	4	4	3	3	3	4	4	4	4	4
13	5	5	6	5	4	4	4	5	5	5	5
14	5	5	4	5	3	3	4	3	4	3	4	4
15	4	3	4	5	2	5	4	5	5	5	5
16	4	5	4	5	4	5	4	5	5	5	5
17	2	3	6	6	1	1	2	5	5	5	5
18	2	2	3	4	1	2	4	4	4	4	4

類型1 = ID 1〜9、類型2 = ID 10〜18

▲図5-3　人を分類する（類型）

第5章　性格理論　111

	特性1				特性2				特性3			
ID	x1	x2	x3	x4	x5	x6	x7	x8	x9	x10	x11	x12
1	3	3	4	4	3	3	3	3	3	3	3	4
2	4	4	4	4	3	4	3	2	5	5	5	5
3	2	1	4	6	2	1	1	2	7	7	7	7
4	3	4	5	6	6	6	6	3	5	5	6	6
5	2	4	4	3	3	3	4	3	4	3	4	3
6	4	3	6	4	5	5	6	5	6	6	6	7
7	6	3	4	5	5	5	2	5	7	7	7	7
8	3	3	5	6	6	6	6	3	6	6	6	6
9	5	6	5	5	3	3	3	5	6	6	7	6
10	4	5	4	5	3	4	5	4	5	5	5	5
11	1	1	5	7	1	1	1	1	1	1	1	7
12	4	4	4	4	3	3	3	3	4	4	4	4
13	4	5	5	5	5	4	4	4	5	5	5	5
14	5	5	5	5	3	3	4	3	3	4	4	4
15	3	3	4	5	5	5	5	4	5	5	5	5
16	4	5	3	4	4	6	6	6	5	5	5	5
17	4	2	6	6	1	1	1	2	4	5	5	5
18	2	2	3	4	4	1	2	4	4	4	4	4

▲図5-4　変数を分類する（特性）

を利用することで，物事をうまく整理することができるかもしれません。たとえば図5-5は，筆者がとあるデパートで撮影した写真です。このとき，このデパートではお菓子を「濃厚な甘さ－甘さ控えめ（X軸）」「他者へ－自分へ（Y軸）」という2つの次元に整理して図示していました。X軸もY軸も10点満点で表現されるとすれば，お菓子A（X=8, Y=2）は甘くて自分向け，お菓子B（X=8, Y=8）は甘くて他人向け，お菓子C（X=3, Y=3）は甘さ控えめで自分向け，お菓子D（X=3, Y=8）は甘さ控えめで他人向けとなります。このように，特性のような連続的な量の得点を組み合わせることで，より具体的でわかりやすいカテゴリである類型的な理解を導き出すことにつながります。

　類型論と特性論は，どちらも人間が複雑な物事を理解しようと工夫した情報の処理方法です。これらは，どちらのほうが間違っているとか，どちらのほうが正しいというものではありません。ただ，人間はカテゴリを用いて物事を処理しようとする傾向があります。特性論よ

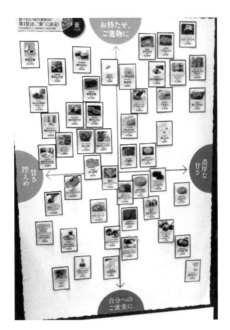

▲図 5-5　お菓子の 2 次元配置図（2011 年 10 月頃に筆者撮影）

りは類型論のほうが古く，人類の歴史の中では特性論の考え方はつい最近考案されたものです。人間の個性やものの特徴を詳細に記述したいときには，類型論よりも特性論の考え方のほうが向いているといえます。それぞれの方法の長所と短所を理解して，自由に使いこなせるようになることが重要です。

第6章

性格測定法

　十人十色といわれるように，人にはそれぞれに，その人らしさがあります。心理学者はこれを「性格」「人格」あるいは「パーソナリティ」とよび，"性格とは何か""性格はどのように形成され，変容するのか"，そして，"性格の偏りや障害が生じる原因は何か"などの問いへの答えを求めて研究を積み重ねてきました。その結果，明らかになった性格の構造，形成要因，変容過程，障害の生起に関する知見などは，本書の他章で述べられている通りです。

　一方で心理学者は，そもそも性格をどのように把握すればよいのか，すなわち，性格の測定方法についてもさまざまな手法を考案してきました。現在では，これらの手法によって測定された性格に基づいて個人を理解したり，個人差を検討したり，治療や矯正の必要性を判断するなど，性格測定法は多方面で広く用いられています。本章では，性格測定法の概要を観察法，面接法，検査法の各観点から解説します。

1節　観察法

1. 観察法とは

　私たちが他者を知り，その人の特徴を把握しようと思ったら，まずは相手を観察してみるでしょう。観察は，相手に気づかれないように

距離をおいた状態で実行に移されることもあれば，相手と関わり合いながら，それとなく行われる場合もあるでしょう。また，ある特徴に注目して，その有無（強弱）を確認することもあれば，細かな特徴にはこだわらずに漠然と観察する場合もあるかもしれません。このように，観察は日常的な対人理解においても見受けられますが，心理学の視点から人物の性格や行動特徴を学術的に把握しようとする際にも適用される方法です。

観察法（observation method）とは，人間や動物の行動を自然な状況や実験的な状況のもとで観察，記録，分析し，行動の質的・量的特徴や行動の法則性を解明する方法です（中澤，1997）。観察法の一般的な長所は，厳しい条件統制下で行われる実験法に比べて，対象者に制約を加えることがなく，したがって，負担も少ないので日常生活でのありのままの自然な行動を把握できる点です。また，後述する面接法や検査法の大半は，言語能力が一定水準以上に達していない乳幼児などに実施することはできませんが，観察法は行動そのものを対象とするので言語能力の制約を受けることがなく対象者が限定されないという利点があります。

他方，観察法は自然な行動を対象とするがゆえに，次のような短所があります。まず，観察対象となる行動が生起するのを待たなければならないので時間がかかってしまうこと，条件の統制を行うことが難しいこと，そして，結果の解釈が主観的になりがちであることがあげられます。ただし，これらの短所は一般的な観察法にともなうものであり，以下に述べる実験的観察法には必ずしも該当しません。

2．観察法の種類

(1) 自然的観察法と実験的観察法

観察法は，観察事態によって，自然的観察法と実験的観察法に分類されます（伊藤，2006）。ここでいう観察事態とは，どのような行動を観察対象とするのかを指します。前者はありのままの自然な状況で生じる行動を観察するものであり，後者は対象とする行動がどのような環境のもとで生起するのかを観察します。

川島（2012）を参考にして，それぞれの特徴および長所・短所を検証可能性，行動の生起頻度，行動の日常性／非日常性，の観点から

述べます。自然的観察法は，環境に統制を加えずに日常的な状況で人がどのように行動するのかに観察の主眼がおかれます。したがって，ある行動が観察されても，その行動の生起に影響を及ぼす環境を特定することが難しく，行動と環境の間の因果関係を把握することは困難です。また，自然に生じる行動を対象とするだけに，観察を開始してから直ちに行動が生起するとは限らず，むしろ，長い時間を要することも多く，観察には多大なコストをともないます。しかし，環境に何らかの統制が加えられた状況下で生じる行動に比べて，日常生活に根ざした人間の本質を観察できるという利点があります。自然的観察法は，本格的な研究を行う前段階としての問題の発見や仮設生成を行うためにはたいへん有効な方法といえます。

　実験的観察法は，ある行動に影響することが予測される環境要因を人為的に操作して，それにともなう行動の変化を観察することによって，環境と行動との因果関係を直接確かめることができる方法です。あらかじめ，行動が生じやすい条件を設定しますので，観察を始めてから短い期間内に目標となる行動を頻繁に観察することが可能であり，研究にともなうコストも抑えられます。ただし，厳密に統制された状況のもとで生じる行動は，ややもすると非日常的で本来の行動とはかけ離れた結果を反映してしまうリスクがあります。したがって，環境要因の操作方法および観察される行動の解釈には慎重さが必要ですが，人間の行動がどのような環境条件で生起するのかを実証することによって，行動のメカニズムならびにそれを促す内的要因を明らかにすることができるという長所があります。自然的観察法などによって導かれた仮説を実証するうえでなくてはならない方法です。

（2）参加観察法と非参加観察法

　観察法は観察の形態によって，参加観察法と非参加観察法に分類されます。参加観察法は，観察者が自らの存在を対象者に示しながら，対象とする行動を直接観察する方法です（川島，2012）。

　このうち，観察者が観察対象となっている集団に積極的に参加して観察対象者と交流し，その場での経験を共有しながら行う観察を交流的観察といいます（伊藤，2006）。この方法は，観察対象の存在する現場に身をおいて，自らの感覚で受けとった体験を重視しながら研究

を行うフィールドワークで用いられます。観察者が観察対象者との関わりを通して見えるもの，いわゆる，相互主観的な視点が重視されます。

また，参加観察法の中でも，観察者から観察対象者への働きかけを最小限度にとどめて観察に徹するのが非交流的観察です（伊藤，2006）。この方法では，観察当初は観察対象者が観察者の存在を気にするあまり，日頃とは異なる行動をとってしまうこともありますが，時間の経過とともに観察者の存在に慣れてくれば，その影響は少なくなると考えられます。観察者と観察対象者の間に交流がなくても，参加しなければ確認できないような行動を把握することが求められる場合に有効な方法です。

一方，非参加観察法は，観察されていることを対象者に意識させないようにワンウェイ・ミラーや録画機器を用いて観察する方法です（川島，2012）。これは，観察されていることを意識したり，その場に第三者（観察者）が存在することによって観察対象者の内面やその結果として現れる行動に多大な影響を及ぼす恐れがある場合に適用される方法として有効です。ただし，観察者の存在を表面的には隠すことができたとしても，カメラで撮影されていることが意識されてしまえば，観察対象者はカメラの背後にいる観察者の存在を推し量ってしまうので，そのあたりへの細心の配慮が必要になります。

図 6-1 は，観察事態と観察形態に基づく観察法の分類です。中澤

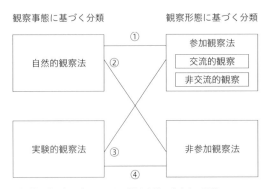

注）①～④の組み合わせによる観察事例は本文中に記載

▲図 6-1　観察法の分類（中澤，1997 をもとに作成）

(1997) は，これらの組み合わせによる観察の事例として次の４つをあげています。「自然的観察法／参加観察法」（図中の①）に相当するのは，公園で子どもたちと遊びながら，その子どもたちを観察するような場合です。そして，喫茶店の窓越しに待ち合わせをしている人の様子を観察するのが「自然的観察法／非参加観察法」（図中の②）です。また，実験者として実験を行いながら実験参加者の行動を観察する場合が「実験的観察法／参加観察法」（図中の③）です。さらに，「実験的観察法／非参加観察法」（図中の④）の例として，母子の相互作用をワンウェイ・ミラーを通して観察する場合があげられます。

(3) 系統的観察法

観察法による研究は，しばしば，目的が曖昧なままスタートし，自然的観察法などによる予備的な検討を経て，研究の焦点が絞り込まれるという経過をたどります。研究目的が明確になれば，あらかじめ対象となる行動を定めたうえで，それがどのような条件で生じるのかを系統的に観察し，観察を終えた後に数量化しやすい形式でデータを収集できるようになります。このように，観察研究が行われる前に，観察される行動の種類や観察の手続きを決めたり，複数の観察者がいる場合には，観察における作業の分担を決めたりしてデータを収集する方法を系統的観察法（systematic observation method）といいます（岩脇，2005）。

データ収集の具体的な手法には，一定時間ごとに対象となる行動が生起するかを観察する時間見本法，場面を特定して目的の行動が生起するかを観察する場面見本法，特定の行動に着目して生起状況や生起過程を観察する事象見本法などがあります。

3. 観察におけるデータ収集の具体的手法

時間見本法（time sampling method）とは，ある一定の時間内，または，ある時点に焦点を絞って観察対象となる行動を抽出し記録する方法です。たとえば，あらかじめ定めた時間単位ごとに区切って観察を行い，観察すべき行動が生起したかどうかを記録します。観察の時間単位が短く即時的な記録が難しい場合でも，機材を用いて観察場面を録画しておけば，観察終了後に映像を確認しながら記録をとるこ

とができます。また，行動の生起頻度や持続時間などを量的に把握できるので統計処理も可能です。ただし，観察によって抽出された行動が観察時間以外の行動を含む実際の行動を反映していることが前提条件となりますので，事前に問題をよく焦点化して対象となる行動を特定し，チェックリストを用意しておく必要があります。

場面見本法（situation sampling method）は，研究の対象となっている行動が頻繁に生起しそうな典型的な場面を選んで，その場面で生起する行動を観察します。場面を特定して，時間帯や曜日などを変えながら観察を行うことが多いので定点観察とよばれることもあります（伊藤，2006）。

事象見本法（event sampling method）は，特定の行動に焦点を当てて，それがどのような状況で生じ，どのようなプロセスを経て，最終的にどのような結果をもたらすのかを，行動が生起する文脈と絡めて観察する方法です。この方法を採用する際の留意点として，あらかじめ，観察対象となる行動のタイプをよく吟味してカテゴリ化し，チェックリストを用意しておくこと，その行動が生じる時間や場所を調べておくこと，などがあげられます。これにより，対象となる行動の特徴とそれが生じる文脈や状況を質的に把握しながら，生起頻度および持続時間などを量的に測定することができます。

観察法によって人物の性格や行動傾向を測定する際には，研究の目的・内容や対象者の特徴などに即して，これらの方法の中から最適な方法を選択してアプローチすることが求められます。加えて，観察研究における致命的なミスともいえる観察漏れや記録漏れを未然に防ぐために，観察者は観察に取り組む前に訓練を受けることが必須です。また，研究の目的や内容にもよりますが，結果の解釈における主観性を排除し客観性を高めるために，研究者自身が観察者を兼ねるのではなく他者に観察を依頼すること，そして，観察はできるだけ複数の観察者で行い，観察結果の一致率を示したうえで解釈することが肝要です。

2節　面接法

1. 面接法とは

1節では，私たちが他者を知ろうと思ったら，まずはその人を観察

してみるであろうということを述べました。このほかにも，その人と直接会い，会話を通して相手を把握するという手段があるでしょう。この場合，あらかじめ相手に尋ねる内容を決めておいたうえで会話にのぞみ，ある枠組みに沿って相手を知ろうとすることもあれば，質問する事柄の大枠をある程度決めて会話を進めつつ，相手の返答や会話の流れによって質問を変更したり，新たに生じた疑問を尋ねたりすることで相手を把握することもあるでしょう。また，質問する内容を事前に用意せずに，自然体で交わした会話の内容から相手を知ることもあるかもしれません。このように，相手と直接対面し，会話を通してその人を理解しようとする試みは，日常生活において誰もが経験していることだと思われる一方で，心理学の立場から学術的に人物の性格や行動傾向を検討する際にも用いられます。この方法を総称して面接法とよびます。

　面接法（interview method）とは，面接者が面接対象者と直接対面しながら，主に会話を通して必要な情報を得る心理学の研究法です。具体的には，面接者があるテーマについて面接対象者に質問を行い，その回答を記録することによって研究や支援の資料を得る方法であり，パーソナリティをとらえるうえでも有効な方法であるとされます（文野，2013）。

　面接法の基本的性質をまとめた澤田（1995）によると，面接法には3つの大きな特徴があります。まず，面接は面接者と面接対象者の会話によって成立するので，"ことば"を主な資料（データ）として扱うという点があげられます。次に，面接法には，面接と並行して面接対象者を観察することができるという特徴があります。これによって，主たる資料である言語的情報に加えて，外見，表情，しぐさなどの視覚的情報および声の強弱・抑揚，話し方などの聴覚的情報から成る非言語的情報を併せた資料収集を行うことが可能です。

　そして，3つめの特徴として，面接法は面接者と面接対象者の相互交流を通して展開されるという点があげられます。これによって，面接者は面接対象者に質問の意図が正確に伝わっているかどうかを確認しながら着実に面接を進めることができますので，妥当性の高いデータを収集することが可能になります。また，相手と交流をはかりながら非言語的情報を同時に得られることで，言語的情報のみでは掌握で

きない面接対象者の認知，思考，感情，恐れ，願望といった内面に迫ることができます。

　面接法には，上述のような特徴と長所がみられる一方で，以下の短所があります。まず，前節で述べた観察法とは異なり，面接は言葉を交わして得られる資料の収集に重点が置かれますので，言語能力が一定の水準に達していない乳幼児などには実施できません。次に，面接の実施には多大なコストを要します。後に述べる質問紙法と異なり，面接は実施に時間がかかり，原則として対象者ごとに1件ずつ行われるので，分析が可能なデータ数を確保するには相当な時間と費用が必要となります。また，時間と労力の両面で負担のかかる要請を受け入れてくれる協力者は限られるので，サンプルに偏りが生じる可能性があります。

　そして，面接者の容姿や言葉遣いなどが，ある種のバイアスとなって面接対象者の回答に影響を与え，信頼性の高い資料の収集を妨げてしまう場合があること，さらに，面接の展開や解釈に面接者の主観が混入しやすいという欠点があります。このような短所を補い問題を未然に防ぐためには，面接者が面接の知識に習熟していることはもちろんですが，面接の技能を高めるための訓練を受けておくことが必須です。

　面接の技能を高めるうえで最も大切な点は，面接者と面接対象者の間に信頼関係を形成することです。この信頼感をラポール（raport）とよびます。面接対象者は，このラポールを基盤にして本心を語り，ありのままの感情を表出することができます。信頼感が不十分なままでは，得られる資料も信憑性に乏しいものとなってしまいます。面接者は常にラポールの形成を心がけるとともに，その礎となる対人的技能（対人スキル）を身につけておく必要があります。

2．面接法の種類

(1) 臨床的面接法と調査的面接法

　心理学における面接は，それがどのような目的で行われるのかによって，臨床的面接法（clinical interview）と調査的面接法（research interview）に分けられます（図6-2）。前者は，何らかの精神的な悩みや困難，症状を抱えている人の問題を解決し，支援・治療を行うこ

とを目的に実施されます。さらに，臨床的面接法は，精神的な障害の状態や症状の程度を心理査定によって診断することを目的とする診断面接と，診断結果に基づいてカウンセリングや心理療法などを実施する治療面接に区分されます。なお，診断面接では，通常，面接初期に対象者（事例）の特性や状態，家族歴，成育歴などを収集して事例の概要を把握しますが，これを診断面接と区別して受理面接とよぶ場合もあります。

このように，臨床的面接法では，面接対象者（来談者）の診断・治療を行い，問題解決を導くうえで有用な情報を入手することに焦点が当てられます。ただし，具体的にどのような側面に焦点を当てて，来談者に対してどのような働きかけを行うのかは，面接者が依拠する理論（たとえば，来談者中心療法，行動療法，認知行動療法，精神分析療法など）によって異なります。各理論には，それぞれに確立された面接技法がありますので，面接者はこれらの理論や技法に習熟しなければなりません。

一方，調査的面接法とは，学術的研究を進めるにあたり必要とされる資料（データ）を面接者が調査対象者（面接対象者）に対面し，口頭で質問を行い，対象者から得た回答を記録することによって収集する心理学の研究法の1つです。面接調査法ともよばれます。この方法は，質問紙への回答が困難である高齢者などを対象に調査を行う場合に威力を発揮します。また，面接者が面接対象者に直接会って相互にコミュニケーションを交わしながらデータを収集するので，質問紙

▲図 6-2　面接法の分類

法では得難い面接対象者の意識や態度を把握することができます。

　ただし，調査的面接法によって得られる情報の信頼性と妥当性を高めるには，あらかじめ研究の目的を明確にし，面接法を用いて資料を収集する根拠を明らかにしたうえで，具体的かつ綿密な調査計画を立てる必要があります。

（2）構造化面接・半構造化面接・非構造化面接

　面接法は，どのような実施形式で面接が行われるのかによって，構造化面接（structured interview），非構造化面接（unstructured interview），半構造化面接（semi-structured interview）の3つに分けられます（図6-2）。構造化面接は，質問項目，質問順序，回答形式，面接に要する時間などの手続きをあらかじめ明確に定めたうえで実施する面接法です。すべての面接対象者に同じ手続きで面接が行われるので，信頼性の高いデータを収集することができます。また，面接対象者は提示された選択肢の中から質問に答えるので，結果の解釈に面接者の主観が入り込む余地はなく，データの客観性も保証されます。対象者の回答は比較可能な形に数量化されるので，仮説検証を目的とする研究に適した方法であるといえます。ただし，対象者から得られる情報はあらかじめ想定された範囲内に限定されるので，対象者が発する自由な回答や非言語的情報に基づいた，相手の特性を深く理解することを目的とする研究には適しません。

　非構造化面接は，面接の実施手続きが定められていない方法です。質問の内容，順序などは決まっていないので，面接者と面接対象者の間で自然に交わされる会話の中で質問が投げかけられ，回答も得られます。面接者は対象者の特徴や反応に合わせて柔軟に面接を展開し，対象者の自由な回答を引き出すことにより，事前に用意した質問では得られないような想定外の回答を含む多様な情報を収集することができます。

　ただし，非構造化面接は事前に質問の内容を決めずに行われるので，研究や支援を行ううえで実際に役立つ情報を得られているかが大きな課題となります。また，収集される情報は対象者ごとに異なるので，面接後に対象者を比較したり，全体に共通する傾向を分析することを目的とする研究には適しません。むしろ，本格的な研究に取り組む前

に研究テーマを絞り込んだり，練り上げる目的で行われる情報収集に適した方法であるといえます。なお，臨床面接の場で，対象者に思うまま自由に自己表現をしてもらうことを前提に行われる来談者中心療法は，典型的な非構造化面接の1つです。

半構造化面接は，構造化面接と非構造化面接の特徴を合わせた面接法です。具体的には，質問事項，質問の順序などをある程度決めたうえで面接にのぞみ，面接の流れや展開に応じて柔軟に質問事項を変更したり，追加したりする方法です。これにより，面接対象者から自由で枠にとらわれない幅広い情報が得られます。ストレートに尋ねても簡単には回答が得られない対象者の複雑で微妙な心理や深層を探求する際に適用されます。まだ十分に検討されていない心理学的事象について，仮説を生成することを目的に探索的に研究を行う場合に適した面接法であるといえます。一方で，研究者の興味・関心の核心部分については，すべての面接対象者に対してあらかじめ決めた手続きに従って一通りの質問を行い，それに対する回答を得るので，面接後の分析によって対象者を比較したり，全体的傾向を把握することもできます。半構造化面接は，その適用にあたり面接技法に習熟していることと，かなりの訓練が必要とされますが，最も多く用いられている面接法であり，性格測定においても広く採用されています。

3．半構造化面接による性格測定の実際

半構造化面接によって性格の個人差を測定する方法の1つに，マーシャ（Marcia, J. E.）のアイデンティティ・ステイタス面接（ego identity status interview）があります（Marcia, 1966）。青年期になると，誰もが"自分とは何者で，何を目的に生きているのか"というアイデンティティの危機を経験し，その答えを求めて模索します。この面接法は，エリクソン（Erikson, E. H.）のアイデンティティ理論を背景に，自我同一性の確立の程度を「達成型」「早期完了型」「モラトリアム型」「拡散型」の4つに分けて，面接対象者がいずれに位置づけられるのかを判定するために行われます。

具体的には，職業，政治，宗教などに関する19の質問に対する面接対象者の回答から"アイデンティティの危機を経験したかどうか""人生の重要な領域に積極的に関与（傾倒）したかどうか"を分

類し，これらの有無の組み合わせによって，アイデンティティ・ステイタスを判定します。「達成型」は，アイデンティティの危機を体験した後，自分なりの人生観や価値観を確立し，それに基づいて歩んでいることを示します。「早期完了型」は，危機を経験せずに親や周囲の人の期待する価値観を受け入れている状態を，「モラトリアム型」は，まさしく危機の途上にあり，価値観や職業における方向性を見出そうとしている状態として位置づけられます。そして，「拡散型」は，アイデンティティの危機を経験している場合と未経験の場合があり，自分の生き方や価値観の方向性を見出せず，自分の人生に責任をもつことや主体的な選択を行うことが困難な状態にあることを意味します。なお，一般に，アイデンティティ・ステイタスは，「早期完了型」や「拡散型」から「モラトリアム型」，「達成型」へと移行し，青年は自分なりの生き方や価値観を確立していくと考えられています。

3節　検査法

1節と2節では，私たちが他者を知り，その特徴を把握しようと思ったら，まずは相手を観察してみること，そして，直接会って話してみるであろうということを述べ，それらを心理学的に応用した研究法として「観察法」と「面接法」を解説しました。すでに述べた通り，観察と面接による他者理解については，その原型を私たちが日常的に体験している素朴な対人関係の中に認めることができます。

一方，心理学の立場から学術的に人物の性格や行動傾向を測定する方法の中には，日常的な他者理解の手段とは一線を画するものもあります。それが本節で解説する検査法（test）です。これは，個人に対して課題（問題や項目）を与え，それらに対する解答や反応をもとに，個人の心理的特性（知的能力，学力，態度，性格など）を数値で表現する組織的かつ系統的なデータ収集法です（野口，1999）。テスト法ともよばれます。これまでに，性格の測定を目的とする多種多様な検査が考案されています。ここでは，主な検査法である質問紙法を中心に解説し，投影法，作業検査法についても述べます。

1. 質問紙法

(1) 質問紙法の特徴

質問紙法（questionnaire method）とは，調査対象者や被験者に自らの属性，心理状態，行動傾向などを回答させる方法のうち，特に質問紙によって回答を求める方法を指します（山田，1999）。

質問紙法は，性格測定において最もよく使用される方法です。具体的には，研究の目的に応じて選択・考案された複数の質問項目を用いて，調査対象者の心理状態や性格特性を測定します。通常は，質問項目群を記載した冊子（質問紙）を配布し，調査対象者に読んで回答してもらうという形式で行われます。

回答は，あらかじめ用意された選択肢の中から選んでもらうというのが一般的です。たとえば，「いろいろな人と友達になることが楽しみです」「人前で話すのは苦手です」「にぎやかなことが好きです」などの性格を表す項目について自分自身が当てはまる程度を回答してもらいます。「はい」「いいえ」のいずれかを選択するのが2件法，「はい」「どちらでもない」「いいえ」から選ぶのが3件法です。このほかにも，「あてはまる」「ややあてはまる」「ややあてはまらない」「あてはまらない」の4件法，「非常によくあてはまる」「だいたいあてはまる」「ど

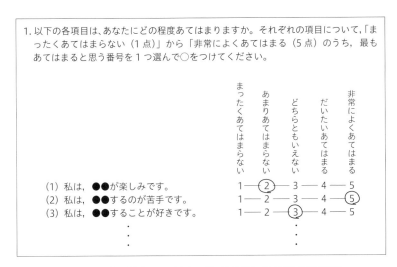

▲図6-3　質問紙法による検査の例（5件法による架空の検査例）

ちらともいえない」「あまりあてはまらない」「まったくあてはまらない」の 5 件法などがあります（図6-3）。4 件法の場合，「あてはまる」を選択した場合を 4 点，「ややあてはまる」を 3 点，「ややあてはまらない」を 2 点，「あてはまらない」を 1 点というように，それぞれの回答に数値を割り振ることによって得点化し，四則演算を可能にします。これによって，調査対象者の性格や態度などを統計的に分析し，客観的に把握することが可能になります。この点が質問紙法の最大のメリットといえるでしょう。加えて，質問紙法では，一度の調査で性格を構成する複数の要素や他の変数を同時に測定することができるので，収集したこれらのデータを多変量解析という手法を用いて多角的に分析することが可能です。

（2）質問紙法の長所

　質問紙法には次のような長所もあります。まず，一度に多人数を対象とする調査を実施することが可能な点です。先に述べた面接法では，原則として，一度の面接で一人の対象者のデータしか得られないので，一定のデータ数を得るには相当な時間と回数を要します。これに対して質問紙法では，対象者を確保したうえで人数分の質問紙を用意すれば同時に多数のデータを収集することができるので，時間的なコストが抑えられます。また，一部の実験研究で用いられるような高価な装置を必要とせず複雑な手続きもないので，調査の実施が比較的容易で経済的な負担も少なくてすみます。

　さらに，面接者と面接対象者が直接対面して一問一答のやりとりが行われる面接法では，対象者の側に"質問に即答しないと気まずい雰囲気になってしまうのではないか"というような圧迫感が生じることがありますが，質問紙法ではこの種の社会的圧力の影響を受けることがないので，対象者は自分のペースで焦らずにゆっくり考えながら回答できます。

　このほかにも，質問紙法には，匿名性とプライバシーの保護という利点があります。一般に，調査対象者は自分がどのように回答したのかを特定される可能性を意識すると，本心で答えることに抵抗を感じることがありますが，質問紙法は，特別な理由がある場合を除いて原則無記名で行われるので，匿名性が保証されます。また，多人数の対

象者が同時に回答を行い，調査者と回答者一人ひとりが直接対面するわけではないので，プライバシーも守られます。これによって，調査対象者から率直な回答を導き出すことが可能になります。

(3) 質問紙法の短所と課題

　一方，質問紙法には以下のような短所があります。まず，質問紙法は，対象者が自ら質問文を読み，内容を理解したうえで判断・回答するという一連の過程から成り立っているので，一定水準以上の言語能力を有しない対象者からは有効な回答が得られないという点があげられます。したがって，言語能力が未熟な乳幼児などには直接実施することができません。このような場合は，乳幼児のことをよく知っている保護者や養育者に回答してもらうことで間接的にデータを得るという代替法が適用されることがあります。また，調査対象者が質問の意味を取り違えてしまうと正確な回答は得られないので，調査を実施する側も，多義的な表現や難解な言い回しを避ける努力や，対象者の属性・年齢層に合わせて質問文や項目・選択肢を作成するなどの工夫が必要です。

　2点目は，調査対象者が以下の理由により回答を意識的・無意識的に歪めてしまう可能性があることです。たとえば，調査対象者が項目数の多い質問紙への回答を行っているうちに，疲労や飽きが生じてしまい，途中から集中力を欠き不真面目に答えてしまう場合があります。また，正直に答えることがためらわれるような質問に対して，本心を偽って，社会的に望ましいとされる選択肢のほうを選んでしまうケースもあります。質問紙法の実施にあたっては，対象者の動機づけを低下させないようにするために，質問紙の構成や分量に一定の配慮が必要であるといえます。併せて，本来の質問項目に虚偽尺度を挿入して，回答が社会的に望ましいほうに偏向していないか信憑性をチェックする工夫も必要でしょう。

　3点目は，質問紙法では質問の形式が固定化されていて，状況に応じて質問の方式や内容を変えることができないことです。これは，すべての対象者に同一の質問を行い，同じ形式の回答を得ることによって，客観的なデータ収集を行うという質問紙法の長所でもあります。しかし，調査実施中に回答者から選択肢の不備を指摘されたり，万一，

質問項目の間違いが発覚した場合であっても，その場で選択肢を追加することや質問項目を修正することは，ごく軽微なものを除いて困難です。このような誤りを防ぐために，質問紙を作成する段階での念入りな吟味と確認が必要です。

4点目は，因果関係を特定できないことです。質問紙法による調査では，測定の対象となった性格特性および関連する指標との間に相関関係があるかどうかを確認することはできますが，因果関係を明らかにすることはできません。近年の統計学の進歩によって，共分散構造分析という手法を用いれば，因果関係の推定を行うことは可能になりましたが，あくまでも"推定"であり，原因と結果を断定することはできません。

質問紙法によって性格や態度を測定したり，調査研究に取り組む際には，これらの短所と課題をふまえて周到な準備を行う必要があるといえます。

（4）実施形式による質問紙法の分類

質問紙法は，実施形式によって次の3つに分類されます。調査者が調査対象者に質問紙を送付し，回答後に返送してもらうのが郵送法です。この方法は，比較的大規模な住民調査を行う際に有用です。その場合は，住民基本台帳から無作為に対象者を選び（ランダムサンプリング），質問紙と切手を貼った返信用封筒のほかに，調査の主旨と協力依頼文を添えて送付するのが一般的です。ただし，回収率は高くないので，その点を考慮して，あらかじめ多めに送付するなどの配慮が必要です。

留置法は，調査者が調査対象者のもとに直接出向いて調査の協力依頼を行い，同意が得られたら，いったん質問紙を預けて回答してもらい，一定期間を経た後に再び訪問して回収する方法です。限定された狭い地域で暮らすお年寄りなどを対象とする調査でよく用いられます。対象者の状態に応じて，口頭で質問内容を説明し，回答を聞きとったうえで，調査者が質問紙に記入する面接調査（他計調査）を併用することがあります。回収率は郵送法ほど低くありませんし，対象者一人ひとりからその内実に迫るデータを得られるという点でたいへん有用ですが，調査実施にともなう人的・時間的負担は大きくなります。

集合調査は，調査対象者を一か所に集めて質問紙を配布し，その場で回答してもらった後，回収するという方法です。大学教員や心理学専攻の学生・院生が自らの研究データを収集することを目的に，大学の講義時間を利用して受講学生を対象に実施する質問紙法がその典型といえます。集合調査は教室や講堂などで一斉に行われるので，一度の調査で，かつ，同じ条件のもと，多くの対象者から同時にデータを得られるという非常に効率の良い方法です。

　ただし，集合調査では通常，調査者と調査対象者との間に物理的距離があるので，前者が後者の回答に影響を与えることはほとんどないと思われますが，調査対象者同士が回答結果に望ましくない影響を与え合うことがあります。たとえば，すでに調査を終えた周囲の対象者に引きずられる形で回答を焦るあまり，不真面目な回答が増えてしまう場合がこれに相当します。また，"交際中の男女カップルの性格の類似性を検討するために集合調査を行い，集計したところ，対象者の8割が異性との交際経験がなかったので，大半のデータはその後の分析に使用できなかった"のように，集合調査は多くの場合，たまたま同じ授業に出席している受講生を対象に実施されたりするので，時折，サンプリングのミスが生じることがあります。あらかじめ，研究の目的や内容を鑑みて，調査対象者の属性に問題や偏りはないかという点にも気を配る必要があります。

(5) 質問紙法による性格検査の種類

　これまでに数多くの質問紙法による性格検査が考案されています。これらの中には，単一の性格特性（たとえば，攻撃性など）を測定する検査もあれば，性格全般を総合的に測定する検査もあります。後者の代表例として，キャッテル（Cattell, R. B.）が16の性格因子を測定するために作成した16PF，アイゼンク（Eysenck, H. J.）が「内向性－外向性」と「神経症傾向－安定性」の2つに性格の基軸があるとする理論を背景に考案したMPI（Maudsley Personality Inventory：モーズレイ性格検査），ハサウェイ（Hathaway, S. R.）とマッキンレー（McKinley, J. C.）が精神障害の診断用に作成し，現在では一般的な性格測定にも使用されているMMPI（Minnesota Multiphasic Personatity Inventory：ミネソタ多面人格目録），ギルフォード

(Guilford, J. P.) らの考案した性格検査をもとにして，矢田部達郎らが日本人向けに作成した矢田部・ギルフォード性格検査（YG性格検査），特性5因子モデル（ビッグ・ファイブ）を測定するために，コスタ（Costa, P. T., Jr.）とマックレー（McCrae, R. R.）が作成したNEO-PI-R（Revised NEO Personality Inventory）などがあげられます。それぞれの検査は，行動の背後にあってそれを促す安定的で持続傾向のある「特性」の存在を前提とする特性論を基礎とします。検査の違いは，同じ特性論に基づきながらも，性格が具体的にどのような特性（因子）で構成されているかに関する考え方や立場が異なることに起因します。

　このうち，YG性格検査は，「抑うつ性」「回帰性傾向」「劣等感の強いこと」「神経質」「客観的でないこと」「協調的でないこと」「愛想の悪いこと」「一般的活動性」「のんきさ」「思考的外向」「支配性」「社会的外向」の12の特性を測定する項目がそれぞれ10個あり，計120項目から成ります。回答者は，各質問について，自分に当てはまるかどうかを「はい」「？」「いいえ」のいずれかで選択します。結果は，12の特性ごとに得点が算出され，それぞれの特性の程度（高低）がプロフィールの形で表現されます。そして，12の特性の高低パターンに基づいて，「平均型」「不安定不適応積極型」「安定適応消極型」「安定適応積極型」「不安定不適応消極型」の5つの典型的タイプに分類されます。このほかにも，複数のタイプの特徴をもつ「混合型」や，典型ほど強くはないがその特徴を有する「準型」など，タイプは計15種類に及びます。YG性格検査は，実施の簡便さと結果のわかりやすさから，学校や企業において幅広く用いられてきましたが，現在では，心理学の学術的な研究においてはほとんど使用されていません。

　また，NEO-PI-Rは，特性5因子モデルに基づく「神経症傾向」「外向性」「開放性」「調和性」「誠実性」の5つの特性から成ります。また，これらの5つの特性には，それぞれ6つの下位次元も設定されています。たとえば，神経症傾向の下位次元は，「不安」「敵意」「抑うつ」「自意識」「衝動性」「傷つきやすさ」です。質問項目は，5特性×6下位次元×8項目＝計240項目です。回答者は各質問について自分に当てはまる程度を「非常にそうだ」～「まったくそうでない」の5つの選択肢から1つ選んで答えます。日本では，日本版NEO-PI-R（下

仲ら，1999）が標準化されており，広く使用されています。加えて，項目数の多いNEO-PI-Rの短縮版NEO-FFI（NEO-Five Factor Inventory）も作成されており，こちらは下位次元を設定せずに，5特性×12項目＝計60項目から成ります。現在，NEO-PI-RとNEO-FFIを含む特性5因子モデルに基づく性格尺度は，心理学における性格研究や，性格傾向と他の指標との関連性を検討する研究などにおいて広範に使用されています。

2．投影法

　投影法（projective technique）とは，曖昧で多義的な視覚刺激や不完全な言語刺激などを提示して，被検者に自由な反応を促し，その反応から個人の内面にある感情や欲求，思考様式，自己像などをとらえようとする検査法のことをいいます（戸田，2006）。投映法と表記することもあります。後述する通り，投影法による性格検査が各種考案されています。

　投影法は，"空腹時に空を見上げたら，視界に入った雲がまるで好物の綿菓子のように見えた"といった日常的な体験にその発想の原点を見出すことができます。つまり，この方法は，曖昧な絵や図形などへの意味づけに個人の内面が影響を与えるという原理を学術的に応用したものであるといえます。

(1) 投影法の長所と短所

　投影法の長所は，回答者（被検者）にとって，質問の意図がわかりにくい，すなわち，何を測定されているのかが不明であるために，防衛や歪曲が起こりにくい点です。これにより，本心を偽った回答や，社会的に望ましいほうに歪んだ回答が少なくなります。また，質問紙法によって得られる情報は回答者が意識できる内容に限られますが，投影法では回答者が意識して表出することが難しい情報，すなわち，回答者の無意識の内容を収集することも可能であると考えられています。加えて，投影法による回答には，性格の潜在的な側面が表れやすいので，潜在的性格を測定できることを利点として唱える立場もありますが，信頼性と妥当性の観点からこれを否定する見解もあります。

　一方，投影法には次のような短所があります。まず，投影法を実施

し結果を解釈するには，高度な専門的知識と技術を要するという点があげられます。質問紙法に比べると，投影法の実施手続きおよび結果の処理方法は複雑かつ難解なため，かなりの訓練を積んでおかなければなりません。2点目は，投影法による検査は結果の解釈法が複数に及ぶ場合があり，検査者の立場によって解釈が異なってしまうという点です。3点目は，検査者と回答者（被検者）の関係が検査結果に影響を与えることです。検査者が信頼のおける相手であるか否かによって回答者の反応が異なってしまう可能性があるので，注意が必要です。4点目は，投影法による検査は，次から次に提示される曖昧な刺激に対して，選択肢を設けずに自由に回答（反応）してもらうという形式で行われるので，実施に時間のかかる場合が多いという点です。

　投影法を用いて人物の特徴や性格を測定する際には，以上の長所と短所をふまえて，適用する検査に関する理論と専門的知識に習熟し，実施にともなう技術を高レベルで獲得しておく必要があります。

（2）投影法による性格検査の種類

　投影法を用いた主な性格検査は，「ロールシャッハ・テスト」「TAT」「P-Fスタディ」「SCT」などです。それぞれの特徴は以下の通りです。

　ロールシャッハ（Rorschach, H.）が考案したロールシャッハ・テスト（Rorschach Test）は，最もよく使用されている投影法の検査です。インクの染みのような左右対称の刺激図版を被験者に示し，それがどのように見えるのかを回答してもらいます。図版は定められた10枚から成り，実施手続きには厳密な基準があります。結果は，インクの染みが何に見えたのか（反応内容），図版のどの部分に見えたのか（反応領域），なぜそのように見えたのか（反応決定因）などの観点から評価・解釈されます。ロールシャッハ・テストは，個人の性格，思考，感情，欲求，知覚の特徴などの内面の測定から，精神疾患，人格障害の診断まで幅広く用いられています。

　TAT（Thematic Apperception Test）は，マレー（Murray, H. A.）らによって考案された検査であり，日本語では主題統覚検査とよばれます。ある人物を取り巻く社会場面が描かれた絵画図版を被検者に示し，その絵を手掛かりにして，"その絵画に描かれた場面では何が起こっているのか""その人物（主人公）は何を感じ，考えているのか""ど

のような結末を迎えるのか"を含む物語を作ってもらいます。そこで語られる主人公の性格，態度，欲求は，回答者自身の内面を投影したものであるとする前提に立って解釈が行われます。

P-Fスタディ（Picture Frustration Study：絵画欲求不満検査）は，ローゼンツァイク（Rosenzweig, S.）が欲求不満場面に対する反応を測定するために考案した検査です。2人の人物を漫画風に描いた24種類の図版が1枚ずつ示されます。図版には，片方（左側）の人物からもう一方（右側）の人物に投げかけられた欲求不満を煽るようなセリフが吹き出しの中に記載されており，右側の人物のセリフに相当する吹き出しは空欄になっています。被検者は，右側の人物の言語反応（セリフ）を予測して吹き出しに書き込みます。被検者自身の欲求不満や葛藤への態度が，予測されるセリフの内容に投影されると考えられています。回答は，欲求不満への反応を意味するアグレッション（攻撃）の方向が，相手へ向かう「他責的」か，自分へ向かう「自責的」か，相手へも自分へも向かわない「無責的」かによって3つに分類され，また，アグレッションの型が「障害優位」「自我防衛」「要求固執」のいずれかに分類されます。そして，方向と型の組み合わせに基づいて欲求不満への反応と性格の測定が行われます。

SCT（Sentence Completion Test：文章完成法検査）は，「私はたびたび…」「私があこがれるのは…」のように，被検者に不完全な文章を提示し，それに続く残りの部分を連想して記述し，文章を完成してもらうという形式で実施されます。記述される内容は具体的で広範囲に及ぶので，被検者の自己像，価値観，適応性，対人関係，欲求，感情などを含む性格の全体像を把握するうえで有用な投影法検査です。実際には，他の質問紙検査や投影法検査と併用して性格診断に使われたり，面接の補助手段として用いられることも多い方法です。

3．作業検査法

作業検査法（Performance Test Method）とは，被検者に一定の条件下で特定の課題を与え，その作業の経過と結果から性格を診断する方法です（青柳，2006）。併せて，態度や能力も測定することができます。この方法の長所は，まず，実施が容易で多くの対象者を一斉に測定できること，そして，何を測定しているのかがわかりにくいた

め，回答の虚偽や歪みが少ない点があげられます。また言語を使用しないので，言語能力が劣る被検者にも実施できます。加えて，作業検査法によるデータは客観的な行動指標なので，異なる文化圏で実施した結果を比較検討することにも長けています。

　一方，短所としては，検査の実施が長時間に及ぶこと，測定できる性格の側面が限られているので性格全般を把握することには不向きであること，結果を解釈するためには熟練が必要とされることなどがあげられます。また，作業手順を理解することが困難な年少者などには実施することができません。

　内田・クレペリン精神検査は，作業検査法における代表的な検査です。この検査は，ドイツの精神科医クレペリン（Kraepelin, E.）が精神病者の特徴を把握するために考案した連続加算検査に基づいて，日本の内田勇三郎が独自に開発した検査です。具体的には，ランダムに配置された隣り合う一桁の数字同士をできるだけ速く加算していく作業を課します。加算した数字（の一桁目）を隣り合う数字の間に記入してもらう形式で1分間続けたら，合図とともに次の行に移ります。これを5分間の休憩を挟んで15分（15行）×2セット行います（図6-4）。結果は，作業量（加算数），誤答数，各行の加算量（加算到達量）をつなぎ合わせて描かれる作業曲線などに基づいて，行動特性や性格特性の判定・診断や職業適性の判断などに広く用いられます。

　内田・クレペリン精神検査は，実施に時間がかかるうえに，判定に高度な専門的知識が必要であるという難点はあるものの，実施の簡便さや一度に多人数の対象者を測定できること，虚偽反応や回答の歪みが少ない客観的なデータを得られるというアドバンテージによって，多くの学校や企業などにおいて使用されています。

４ ３ ７
 ７０２
4 3 7 5 4 8 7 6 3 9 4 6 3 8 9 4 6 7 6 5 3 4 7 8 4 6 5 8 7 8 3 4 4 6 5 9 8 6 5 3
3 5 4 5 6 7 6 8 7 5 4 3 6 5 6 6 7 8 9 8 9 8 7 6 8 4 5 7 9 4 3 4 7 8 7 5 6 9 4 6
8 8 7 3 6 4 8 7 9 5 6 4 7 5 6 6 9 9 8 9 3 4 7 9 8 6 5 7 7 8 5 5 4 6 9 8 9 4 6 3 5
5 3 6 8 9 4 6 8 7 3 5 8 6 5 6 9 3 8 5 7 4 6 7 8 4 5 9 3 4 3 5 6 5 7 9 8 3 9 8 4
9 9 6 7 4 7 3 3 4 5 4 6 8 6 9 8 5 6 3 8 4 9 5 8 7 9 6 6 5 4 4 7 6 8 9 7 6 6 5 6

▲図6-4　内田・クレペリン精神検査用紙の一部

第7章

性格と仕事

1節　はじめに

　この章では性格と仕事の関連についてみていきます。人が素朴に抱いている思い込みや疑問を取り上げて，心理学ではどのように考えられているのかを紹介していきます。

　2節では，性格と職業について焦点を当てます。具体的には，特定の性格が特定の職業と結びつくのかどうかをみていきます。映画やドラマの中で「あなたの性格，この仕事に向いてないわ」といったセリフを耳にしたことがある人もいるのではないでしょうか。もし職業ごとに向いている性格があるとしたら，それはどのような組み合わせなのでしょうか。また，実際どのようにして調べたらいいのでしょうか。

　3節では，性格と就職について焦点を当てます。具体的には，学生にとっての就職活動や企業にとっての採用活動において性格がどのように考慮されているのかをみていきます。就職活動の場面において，学生が企業の採用担当者に「この仕事に向いている人って，どのような性格の人ですか？」という質問をすることがあります。能力やスキルも重要ですが，面接試験では人柄，つまり性格が重視されている（特に日本の社会では人柄を重視する傾向がある）と誰もが耳にしますが，実際のところはどうなのでしょうか。

　4節では，性格と役職について焦点を当てます。具体的には，特定

の性格が地位や出世と関連するのかどうかをみていきます。ビジネスの現場において,「あの人は社長の器じゃない」とか「役職が人を作る」という言い方をすることがあります。役職に就きやすい人に特徴的な性格などは本当にあるのでしょうか。また,特定の役職・地位・肩書・立場などが人の性格を変えるようなことはありえるのでしょうか。

また,この章では性格に関する心理学を学んでから社会に出て仕事をしている人の声も紹介します。大学や大学院で学んだ心理学の知識やスキルが,実際に現場で働く中で,どのように活かされているのでしょうか。性格に関する心理学を学んだ人の就職先として,どのようなところがあるのでしょうか。

紙面の都合上,それぞれポイントを絞って紹介していきますので,もっと詳しく知りたい人は,関連するキーワードで論文やハンドブックを調べてみてください。

2節　性格と職業

1. 天職は存在するか

人は暗黙裡に性格と職業に関連があると考えているようです。その証拠に,世の中には「天職」という言葉があります。広辞苑（第7版）によれば,「天職」とは「その人の天性に最も合った職業」という意味です。例文をみると,「教師を○○とする」とあります。一般的に「自分に最適な職業,自分にピッタリの仕事」といったニュアンスで語られることが多いのが「天職」です。

特定の性格が特定の職業に向いているとか向いていないとか,そのようなことが信じられているようですが,実際にはどうなのでしょうか。自分の性格が今の職業に向いていないからという理由で仕事を辞める人はいるのでしょうか。

総務省統計局の調査データ（表 7-1）によれば,転職者数は年間で約300万人います。転職者比率（就業者における転職者の割合）は2017年平均で4.8%なので,およそ100人に5人が転職していることになります。年齢階級別にみると男女ともに15～24歳の転職者が最も多く,約11%を占めています。その後,年齢があがるにつれて転職者比率は減少していきます。

転職者の中には「天職だと思えないから転職します」という理由で転職している人も含まれていることでしょう。寒いオヤジギャクのような理由ですが、本人にとっては深刻な問題なのです。なぜなら、自分に合っていない環境の中で高いモチベーションとパフォーマンスを発揮するのは通常とても困難なことであり、それは職場における不適応ともいえる状態だからです。

▼表7-1　年齢階級別転職者及び転職者比率の推移（総務省統計局，2018）

		転職者（万人）							転職者比率（％，ポイント）						
		総数	15～24歳	25～34歳	35～44歳	45～54歳	55～64歳	65歳以上	総数	15～24歳	25～34歳	35～44歳	45～54歳	55～64歳	65歳以上
男女計	2007年	346	75	102	71	46	42	10	5.4	13.6	7.5	5.1	3.5	3.3	1.8
	2008	335	72	102	69	43	40	9	5.3	13.2	7.8	4.8	3.3	3.2	1.6
	2009	320	62	96	69	41	42	9	5.1	12.2	7.6	4.8	3.2	3.4	1.6
	2010	283	53	82	62	38	39	10	4.5	10.9	6.6	4.2	3.0	3.1	1.7
	2011	284	52	82	65	38	38	10	4.5	10.9	6.8	4.3	3.0	3.2	1.7
	2012	286	52	81	65	40	38	10	4.6	11.0	6.8	4.2	3.1	3.2	1.7
	2013	287	52	77	65	40	41	11	4.5	11.0	6.6	4.3	3.0	3.5	1.7
	2014	291	55	76	67	41	40	12	4.6	11.3	6.5	4.4	3.0	3.5	1.8
	2015	299	54	80	65	45	41	14	4.7	11.2	7.1	4.3	3.2	3.6	1.9
	2016	307	58	77	60	51	43	17	4.8	11.5	6.9	4.1	3.5	3.8	2.1
	2017	311	57	79	67	50	42	15	4.8	11.1	7.0	4.6	3.4	3.7	1.9
	対前年増減	4	-1	2	7	-1	-1	-2	0.0	-0.4	0.1	0.5	-0.1	-0.1	-0.2
男	2007年	171	35	52	31	19	27	7	4.6	12.7	6.5	3.7	2.6	3.6	2.0
	2008	166	33	53	28	18	27	6	4.5	12.3	6.9	3.3	2.5	3.5	1.7
	2009	152	26	46	30	16	27	7	4.2	10.6	6.3	3.5	2.2	3.8	1.9
	2010	135	23	40	25	15	25	7	3.7	9.8	5.6	2.9	2.1	3.3	2.0
	2011	139	23	41	27	17	25	7	3.9	10.0	5.9	3.1	2.4	3.6	1.9
	2012	141	25	41	28	16	25	7	3.9	10.4	6.1	3.2	2.2	3.5	1.9
	2013	143	25	39	28	17	27	8	4.0	10.4	5.9	3.2	2.3	3.9	2.1
	2014	139	25	37	27	16	25	8	3.8	10.2	5.7	3.1	2.1	3.7	1.9
	2015	140	26	38	25	16	25	10	3.9	10.4	6.0	2.9	2.1	3.8	2.3
	2016	144	25	38	23	18	26	12	4.0	10.0	6.0	2.7	2.4	4.0	2.6
	2017	147	26	38	29	19	25	10	4.0	10.0	6.1	3.5	2.3	3.8	2.1
	対前年増減	3	1	0	6	1	-1	-2	0.0	0.0	0.1	0.8	0.0	-0.2	-0.5
女	2007年	175	40	51	40	27	15	2	6.6	14.5	9.1	7.0	4.8	3.1	1.0
	2008	169	39	48	40	24	14	3	6.3	14.4	8.8	6.9	4.3	2.9	1.4
	2009	168	36	50	39	25	15	3	6.3	13.7	9.3	6.7	4.5	3.1	1.4
	2010	148	29	42	36	23	14	3	5.6	11.9	8.0	6.1	4.1	2.8	1.4
	2011	145	28	42	37	21	13	2	5.5	11.8	8.2	6.1	3.8	2.6	0.9
	2012	144	27	40	37	25	12	3	5.4	11.7	7.9	5.9	4.4	2.5	1.3
	2013	143	28	38	36	23	14	4	5.4	11.5	7.5	5.7	3.9	2.9	1.2
	2014	152	31	38	40	25	14	4	5.4	12.7	7.6	6.2	4.2	2.9	1.5
	2015	158	29	41	39	30	16	4	5.7	11.9	8.4	6.1	4.8	3.4	1.4
	2016	163	33	39	37	32	17	4	5.8	13.0	7.9	5.9	5.0	3.6	1.3
	2017	164	31	42	38	31	17	5	5.7	12.2	8.4	6.0	4.6	3.5	1.5
	対前年増減	1	-2	3	1	-1	0	1	-0.1	-0.8	0.5	0.1	-0.4	-0.1	0.2

注）「転職者」とは，就業のうち前職のある者で，過去1年間に離職を経験した者をいう。

2. 性格と離職

　厚生労働省の公表データ「新規学卒就職者の学歴別就職後3年以内離職率の推移」（図7-1）によれば，中学校を卒業して就職した人の約7割，高校・短大を卒業して就職した人の約4割，大学を卒業して就職した人の約3割の人が3年以内に仕事を辞めています。10年前くらいまでは高卒者が3年以内に離職する割合が約5割だったので，新卒離職の「七五三現象」（中卒者の7割，高卒者の5割，大卒者の3割が就職して3年以内に離職する現象のこと）などとよばれていました。若くして就職した人ほど3年以内に仕事を辞める割合が高いという結果になっています。

　出産・育児や介護を理由に離職する人もいると思いますが，多くの場合は「ミスマッチ」とよばれる理由によるもので，いわゆる「自分はその職業に合わなかった」という理由による離職です。もちろん給与などの待遇面や上司・同僚との人間関係が合わなかったという理由も多く含まれているので，すべて性格と職業のミスマッチとはいえませんが，同じ待遇・職場でも辞める人と辞めない人がいることを鑑みると，性格によって不満を感じたり感じなかったりすることがあるともいえます。実際，労働政策研究・研修機構（JILPT）の調査（2012）では，大半の企業が離職の原因を労働者の性格の問題と考えているようです。

　不満を感じやすい性格，ひいては離職や転職をしやすい性格というものはあるのでしょうか。性格検査として有名なものにビッグ・ファイブ（Big Five）とよばれるものがあります（第5章参照）。これは神経症傾向（Neuroticism），外向性（Extraversion），開放性（Openness），協調性（Agreeableness），勤勉性（Conscientiousness）という5つの次元でパーソナリティの全体的構造をとらえるモデルです（川本ら，2015）。協調性や勤勉性が低く，神経症傾向（情緒不安定姓）が高い人は離職しやすく，外向性や開放性が高い人は転職しやすいというデータもあるようですが，性格特性そのものが離職に至らせる（そもそも働くことに向かない性格の人がいる）というよりは，性格によってストレスの感じやすさに差があり，結果として燃え尽きたり離職したりすることになるという研究知見が大半のようです（久保，2007；仁田ら，2014）。

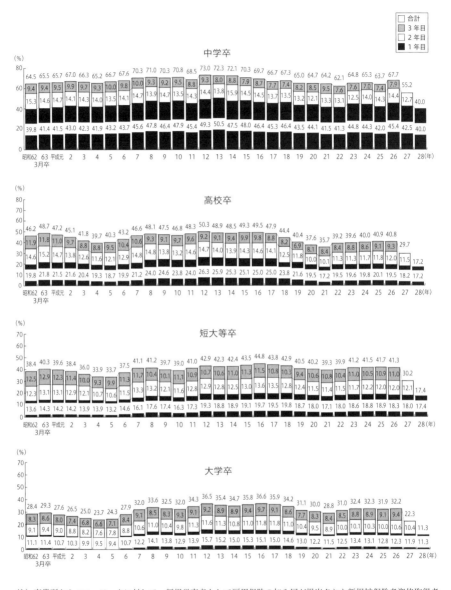

注）事業所からハローワークに対して，新規学卒者として雇用保険の加入届が提出された新規被保険者資格取得者の生年月日，資格取得加入日等，資格取得理由から各学歴ごとに新規学卒者と推定される就職者数を算出し，更にその離職日から離職者数・離職率を算出している。3年目までの離職率は，四捨五入の関係で1年目，2年目，3年目の離職率の合計と一致しないことがある。

▲図7-1　新規学卒就職者の学歴別就職後3年以内離職率の推移（厚生労働省，2017）

第7章　性格と仕事　141

従来の離職研究とよばれる領域においては，心理学的な研究よりも社会学的な研究が多く，個人の性格といった変数よりも年齢や国籍，経験年数といった変数が離職を規定する要因として扱われてきました。しかし，近年では個人の性格など心理的な変数に着目して離職を予測しようとする研究の動きもあります。今後，性格と離職の関連を調査する研究が増えてくるかもしれません。

3. 職業ステレオタイプ

　ステレオタイプとは，特定の集団やカテゴリに属する人たちに対するイメージのことです。いわゆる先入観や思い込み，固定観念やレッテルといったもので，根拠のないネガティブなステレオタイプについては偏見や差別ともいわれます。ステレオタイプとしては，性別や職業，国民性などが有名です。それぞれ，私たちが素朴に抱いているイメージの反映であり，いわゆる「○○らしさ」（男らしさ，女らしさ，医者らしさ，教師らしさ，政治家らしさ，日本人らしさ，など）を表現しているともいえるでしょう。

　人は特定の職業に対するステレオタイプももっています。特定の職業人の性格に対するステレオタイプといってもよいかもしれません。たとえば，問題を解いて人に教える能力，試験問題や教材を作る能力は非常に高いけれど，非社交的で気分屋で不真面目な学校の先生がいたとしたら，皆さんはどう感じるでしょうか。教師という職業に対して無意識のうちに「子ども好き」「真面目」「倫理的」といった性格を期待してはいないでしょうか。勝手なイメージを抱いてはいなかったでしょうか。こういったものが職業ステレオタイプです。

　その他の職業ステレオタイプとしては，「医者は（人の命を救おうという職業だから）真面目な性格（のはずだ／であってほしい）」，「警察官は（犯罪を取り締まる職業だから）正義感の強い性格（のはずだ／であってほしい）」，「研究者は（人がやらないようなことに昼夜没頭しているから）変わった性格（のはずだ／であってほしい）」などが考えられます。

　職業ステレオタイプは，いずれも「〜であるはずだ」という思い込みや「〜であってほしい」という期待の反映です。統計的に有意かどうかは定かではありませんし，必ずしも客観的なデータに裏打ちされ

たものでもないかもしれません。しかし，私たちは経験則や想像や期待から，職業ステレオタイプをもってしまいます。メディアが提供する職業のイメージも大きいかもしれません。こうした職業と性格の単純な紐付けが実際に私たちの意識にはあるのです。

　しかし，実際には同じ職業でもさまざまな性格の人がいます。また，1つの職業でも実際にはさまざまな仕事内容があります。たとえば，教師は教壇に立って授業をしているだけだと思っている人もいるかもしれませんが，そんなことはありません。実際には，授業に加えて，学校運営の実務的な仕事（書類作成），地域や保護者との連携（連絡調整），部活動の顧問（実技指導）など，教師の仕事は多岐にわたっています。

　多くの場合は性格と職業を独立したものとして（別々のものとして）考えているにもかかわらず，特定の職業に関してのみステレオタイプが働くということもあります。そもそも職業についての知識がなければ，ステレオタイプを抱きようがないのです。そういった意味ではメディアが提供する職業イメージの影響は大きいといえるでしょう。物語作品においては，誇張（デフォルメ）して読者・視聴者にわかりやすく伝えることが必要なので，一般的な職業ステレオタイプを利用して登場人物の性格と職業を結びつけて描くことも少なくありません。職業ステレオタイプにとらわれないためには，統計や性格心理学に関する知識に加えて，メディア・リテラシーも重要です。

4. 発達という視点

　性格と職業の関連を考える際に注意しなければならないことは，発達という時間軸の視点です。職業ごとに経験年数に応じたステージがあると思います。「石の上にも三年」ということわざがあるように，しばらくやってみなければわからないこともあるでしょう。長年続けているからこそわかる仕事の楽しさ／大変さというものもあるかもしれません。就職して数年目の若者が「今の仕事は自分にとっての天職だ」と言っても，離乳食を終えたばかりの2才児が「この世で一番美味しい食べ物はお子様ランチだ」と言っているようなものだと一蹴されてしまうかもしれません。また，時代によっても職業に求められる仕事内容に変化が出てくるかもしれませんし，加齢によって性格にも多少

の変化が出てくるかもしれません。このような時間という観点から性格と職業について考えてみると，また違った見方ができると思います。

3節　性格と就職（採用）活動
1．就活における人柄重視は本当か

　就職（採用）活動とは，学生にとっての就職活動と企業にとっての採用活動のことです。これらは表裏一体の関係です。日本においては，3月末に学校を卒業した学生が4月から会社に入社して一斉に社会人になるという「新卒一括採用」が主流です。卒業してすぐ働き始めるために，学生は在学中から卒業後の就職先を探します。これが就職活動（就活）です。企業にとっては，4月からの新入社員を獲得するために約1年前から在学中の学生にアプローチし，学生に対して広報活動と選考活動を実施します。これが採用活動です。

　その就職（採用）活動において，性格はどのように影響するのでしょうか。基本的には，企業が新入社員に求めるものは「求める人材像」として採用ページなどに公表されています。あるいは求人票における応募条件・応募資格として記載されています。そこには資格の有無など能力を証明する客観的な基準に加えて，熱意や将来に対するビジョンなど意欲・態度といった主観的な基準も含まれています。多くの場合は抽象的で曖昧な基準を含んでいるために，具体的な基準（応募資格等の客観的な指標）を満たした候補者が複数応募してきたときは，そこから選抜をする必要があります。

　日本の企業の採用担当者は「最終的には人柄」とよく言います。それは「能力面で甲乙つけ難い候補者が複数いた場合は，一緒に働く仲間として人柄の良い人を採用したい」ということを意味しています。しかし一方で，「能力は申し分ないけど性格に難ありの候補者（能力○で人柄×の人材）」と「能力は不十分だけど人柄は申し分ない候補者（能力×で人柄○の人材）」という究極の二択だった場合どちらを採用するか，という質問をしたらどうでしょうか。おそらく，多くの米国企業では「能力重視」という結果になるでしょうが，伝統的な日本企業では「人柄重視」という結果になると思います。それは，日本では会社という組織の中での集団行動や協調性が非常に重視されてい

る，かつ，その秩序を支えるのは（契約やルールではなく）社員の人柄（性格）だと考えられてきたからです。

▼表7-2　企業の採用で重視される能力（厚生労働省，2013）

大学卒

	1999年	2004年	2006年	2008年	2010年	2012年
1位	行動力・実行力	熱意・意欲	熱意・意欲	熱意・意欲	熱意・意欲	熱意・意欲
2位	熱意・意欲	行動力・実行力	行動力・実行力	行動力・実行力	行動力・実行力	行動力・実行力
3位	論理的思考力	協調性	協調性	協調性	協調性	チームワーク力（コミュニケーション能力，協調性等）
4位	創造性	論理的思考力	問題解決力	論理的思考力	論理的思考力	誠実さ，明るさ，素直さ等の性格
5位	専門知識・研究内容	表現力・プレゼンテーション能力	論理的思考力	問題解決力	問題解決力	課題発見・解決力

大学院卒

	1999年	2004年	2006年	2008年	2010年	2012年
1位	専門知識・研究内容	熱意・意欲	熱意・意欲	熱意・意欲	熱意・意欲	熱意・意欲
2位	熱意・意欲	行動力・実行力	行動力・実行力	行動力・実行力	行動力・実行力	行動力・実行力
3位	行動力・実行力	専門知識・研究内容	専門知識・研究内容	協調性	協調性	チームワーク力（コミュニケーション能力，協調性等）
4位	論理的思考力	論理的思考力	協調性	専門知識・研究内容	論理的思考力	誠実さ，明るさ，素直さ等の性格
5位	創造性	協調性	論理的思考力	論理的思考力	専門知識・研究内容	課題発見・解決力

○大学卒，大学院卒ともに，2004年調査以降「熱意・意欲」が常に1位となっている。
○遅くとも2008年調査には，大学卒，大学院卒ともに，「熱意・意欲」，「行動力・実行力」，「協調性等」が上位3位に入っており，1999年調査では大学卒，大学院卒ともに3位以内にランクインしていた「論理的思考力」，「専門知識・研究内容」といった，学業に比較的関連性の強い素養・能力の順位が低下している。

資料出所　経済同友会教育委員会「企業の採用と教育に関するアンケート調査」
　　注）　2012年調査では、大学卒と大学院卒は同じカテゴリーとされていた。

また，もしかすると，能力は入社後に鍛えて伸ばすことができるけれど，性格は入社後に鍛えて変えることが難しい（性格は変わりにくいもの）という考え方が採用担当者の頭にあるのかもしれません。これは「気質」という考え方です。気質は生まれつきの部分が大きく，変わりにくいもの（先天的なもの）だと定義されています。一方，性格は気質を中心としながらも経験や環境の影響を受けながら形成されていくもの（先天的なものに後天的なものが加わったもの）だと定義されています。このように，就職（採用）活動における人柄重視の背景には，日本人の性格に対する暗黙の考え方が隠れているのです。

　厚生労働省は「労働経済の分析」（2013）において，労働政策研究・研修機構の「構造変化の中での企業経営と人材のあり方に関する調査」(2013)の結果に言及しつつ，「企業が若年者を採用する過程においては，熱意，行動力，協調性といった人間性や人物像をより重視していると考えられる」と結論づけています。実際，厚生労働省のデータ（表7-2）では，2012年の企業調査において大卒・大学院卒ともに「誠実さ，明るさ，素直さ等の性格」が「企業の採用で重視される能力」の第4位にランクインしています。

2．就職活動のプロセス

　就職活動のプロセスは大きく3つのステップがあるといわれています。自分を知り，相手を知り，相性を確かめるという以下の3段階です。

　第一に自己分析です。具体的には，適性検査などの心理テスト，過去の振り返り（自己との対話），キャリアカウンセリング（他者との対話）などを通して，自分の強みや弱みを把握し，自分が将来どのような生き方・働き方をしたいのかを模索するプロセスです。適性検査には，能力やスキル面を測定する検査もありますが，性格や職業に対する興味や自信を測定する検査もあります。よく使われているのは，職業興味検査（Vocational Preference Inventory）です。自分の適性を知るというプロセスは，自分の性格を把握するプロセスといえるかもしれません。

　第二に業界研究です。具体的には，世の中にどのような産業や職業があり，自分にとって興味ある業種・職種がどれなのかを模索するプ

ロセスです。業界研究セミナーや企業ガイダンスと称して大学や民間企業が主催する説明会イベント（企業の広報活動）に参加して情報収集したり，『四季報』などの専用書籍で勉強したりすることが多いです。実際に働いている社会人に話を聞きにいく OB・OG 訪問という方法もあります。企業理念を読み解くというプロセスは，その会社の性格を把握するプロセスといえるかもしれません。

　第三に相性確認です。具体的には，エントリーシートとよばれる書類（履歴書や志望理由書，自己 PR を含む書類，ES と略されることが多い）を企業に提出して，適性試験や面接試験（個別・集団）など企業の選抜試験に進みながら，最終的な就職先を模索するプロセスです。このプロセスは，自分の性格と会社の性格の相性を確認するプロセスといえるかもしれません。

　ときに学生（就活生）は，就職活動期間中に，心理的なダメージを受けたり自信を喪失したりします。なぜなら，入社を希望する企業すべてから内定（あなたを採用しますという通知）を得られるわけではなく，就職活動の途中で不採用の通知を受けとることも少なくないからです。単に相性が合わなかっただけなのですが，まるで自分の能力や性格を否定されたかのように感じて落ち込んだり，ひどい場合には「就活うつ」になったり，将来に絶望して自ら死を選んだりすることもあります。自分の性格をうまく把握できていないことが，死につながることもあるというのは，少し怖い気もしますね。自らの性格を把握するということは非常に重要なことだといえるでしょう。

　このように，日本人の多くは就職活動を通して自らの性格に正面から向き合うことになります。しかし，性格心理学の知識がない場合は，将来的に変わる可能性がある適性検査の結果を，もう将来的にも変わらないものとして誤解してしまうことがあります。専門的な言い方をすれば，特性論と類型論の違いを知らなかったがゆえに，心理検査の結果を固定的に解釈してしまったということです。以上のことから，性格心理学は就職活動にも役立つ学問なのです。

3．採用活動のプロセス

　採用のプロセスは大きく 3 つのステップがあるといわれています。能力を確認し，人柄を確認し，実際に自社で活躍できそうか確認する

という以下の3段階です。

　第一に能力確認です。ここでは最低限の能力・スキルの確認が行われます。準備に時間をかけてきたか，今まで努力してきたかによって結果に差が出る類のテストを使って評価することも少なくありません。具体的には，エントリーシートの記述内容，資格の有無，基礎学力テストの点数などで評価します。YG性格検査や内田・クレペリン検査（第6章参照）が使われることもあります。候補者の能力・スキル面を主に評価するプロセスということができると思います。

　第二に人物確認です。ここでは性格（特に変わりにくい気質的な部分）の確認を通して，将来的な可能性の検討が行われます。具体的には，質問紙調査（心理テストの結果から性格特性を把握する方法）と面接調査（実際に会って対話しながら性格特性を把握する方法）があり，前者は適性検査として集団で行われることが多く，後者は入社面接として個別で行われることが多いです。ただし，効率的に進めるため，また，集団の中でのパフォーマンス（リーダーシップや協調性）をみるためにグループ面接を行うこともあります。後輩社員として面倒をみたいかどうか，会社の一員として社外での対応に問題がないかどうか，将来の幹部候補として見込みがあるかどうか，など面接者の立場によってさまざまな思惑や基準がありますが，見た目の印象や言動の観察を通して内面の性格・人格を推し量るプロセスということができると思います。

　第三に相性確認です。ここでは当人を実際に雇ったときのシミュレーションが行われます。実際にどの部署に配置できるのか，本当に自社で活躍できそうか，などを確認します。特に中小企業など社員数が多くない企業では，実際の現場担当者の顔を思い浮かべながら，当人を新入社員として配置したときに，今いるメンバーとの間に軋轢が生じないかなど細かい配慮が必要です。場合によっては，能力も人柄も申し分ないのだけれど，優秀過ぎるがゆえに採用されないケースもありえます。新入社員が古くから働いている社員より優秀だと，年功序列で縦社会の企業文化においては無用な軋轢を生むかもしれませんし，古参の社員のモチベーションを下げてしまうかもしれないので，そういったリスクは敬遠される傾向があるのです。特に，能力が優秀で性格に難ありだと，採用担当者は入社後の人間関係（現場の混乱，

ハラスメントなど新たな問題）を心配します。一方で，優秀な能力におごることなく従順で素直な性格で年上を敬う人物であれば，採用担当者も安心できます。実際に現場で働けるかどうかのシミュレーションにおいては，能力は当然として，性格も重要な判断材料になりうるのです。

このように，採用活動においても性格は非常に重要ですが，採用担当者は必ずしも性格心理学を修めているわけではありません。近年 HR テックやピープルアナリティクスという分野が注目されてきています。これは人事データを積極的に分析して，今後の企業活動に役立てようとする動きです。性格特性と業績の相関研究の可能性など，今後は性格心理学の研究者と企業の人事担当者の共同研究が進むかもしれません。

4．適材適所という考え方

就職（採用）活動の根底には，適材適所という考え方があります。これは，極論を言えば特定の職業に合う特定の性格が存在するという考え方です。もちろん，適材適所という考え方は，職業と性格を直接的に結びつける考え方ではありません。ある職業に求められる特性（能力やスキル）を整理し，そのような特性（能力やスキル）をもった人がその職業に就くほうが効率的かつ低リスクであり，本人にとっても能力を十分発揮できて幸せであろうという考え方です。このような適材適所の考え方のもとに作られた理論を，適合理論（マッチングセオリー）とよびます。

適合理論として有名なものに，ホランド（Holland, J. L.）の六角形モデルというものがあります。ホランドは大学院時代に軍から奨学金をもらっていたので，大学院を卒業後の数年間は軍で働く必要がありました。そしてそのときに，勇敢な性格の人を突撃部隊に，几帳面な性格の人を火薬管理係に，といった具合に新兵の配属先を決める仕事をしていたそうです。その後，軍でのお務め期間を終えて民間に戻ってきてからは職業カウンセラーの仕事を始め，その人に合った職業を紹介するために開発したのが六角形モデルだといわれています。

ホランドの六角形モデルとは，人の性格と職業の特徴（求められる能力）を同じ枠組みで6つに分類するモデルです。具体的には，現

実的（Realistic），研究的（Investigative），芸術的（Artistic），社会的（Social），企業的（Enterprising），慣習的（Conventional）の6つです。それぞれの頭文字をつなげてRIASEC（リアセック）と読んだりします。さらに，6つのタイプの関係性は六角形上に表現され，隣り合うタイプとは類似性が高く（似ているもの），対角線上に位置するタイプとは類似性が低い（対極的なもの）ということになります（図7-2）。

　ホランドの理念によれば，性格の診断結果と同じタイプの職業に就くことで，個人の能力がいかんなく発揮され幸せになる（職業満足，職業上の安定性や業績が向上する）ということになります。たとえば，診断結果がS領域（社会的：人に奉仕するタイプ）であった場合，教師といったS領域の職業（人を対象にする仕事）が合っているという解釈になります。また，六角形においてS領域の対極に位置するR領域（物を対象にする仕事）は相対的に不向きということにもなります。ホランドは，職業選択はパーソナリティ表現の1つだと考えていたのです。

　ホランドの六角形モデルは非常にわかりやすくて有用ですが，職業を6つのタイプに分類するのは無理があるという批判や，職業の分

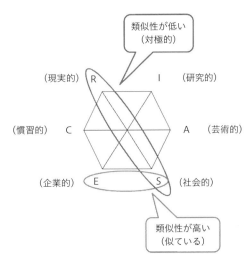

▲図7-2　ジョン・ホランドの六角形モデル（渡辺, 2018をもとに作成）

類が大雑把である（ステレオタイプ的なイメージに基づいて分類されているが，実際には他の領域の仕事内容も含まれている）という批判を受けて，1つの職業をアルファベット1文字ではなくアルファベット3文字で表現するようになりました。たとえば，教師という職業は，子どもを世話する仕事なのでS領域（社会的）ですが，同時に教材研究という側面ではI領域（研究的）でもあり，教壇に立って授業パフォーマンスをするという側面ではA領域（芸術的）でもあることから，教師の仕事をSAIで表現するといった具合です。これをスリー・レター・コードといいます。

　ホランドの六角形モデルは，多くの興味検査や職業分類に影響を与えており，今日でも多くの国で使われています。なぜならホランドの理論は従来の類型論に基づく人と職業との単純なマッチング理論ではなく，交互作用や発達過程といった観点が取り入れられているからです。ホランドは発達的視点に立った類型論，個人と環境との相互作用論など，独自のパーソナリティ論を展開しています。紙面の都合上ここでは詳しく述べませんが，ホランドの理論に興味がある人は詳しく調べてみてください。

　日本では労働政策研究・研修機構（JILPT）が開発した心理検査「職業レディネス・テスト（VRT）」や，それをカード化した「VRTカード」が学校教育現場などでよく使用されています。これらは集団検査にも個別検査にも使うことができ，また，興味と自信という2つの側面から職業レディネス（職業に対する準備度）を測定するので，非常に有用です。たとえば，「興味はあるけど自信がない」領域に対しては，当該領域の職業を具体的に調べさせ，必要なスキルの同定やそのスキル・トレーニング計画を立てさせるといった指導にも使うことができます。

4節　性格と役職

1. 役職が人を作ることはあるのか

　時に人は特定の性格と特定の役職の間に関連を見出すことがあります。たとえば，ある役職者の性格のことを「（役職者なのに）器が小さい」とか「（やはり役職者は）器が大きい」と評することがあります。

ほかにも役職者の言動や風貌に関する褒め言葉として「格が違う」「オーラがある」「人の上に立つ器」などがあります。これらの背景には役職者（の性格や言動）に対する期待やイメージ，すなわちステレオタイプがあります。役職ステレオタイプといえるかもしれません。

　役職ステレオタイプとは，人々が役職者（の性格や言動や風貌）に対して抱く期待・イメージです。役職ステレオタイプとしては，管理職（上司や組織のトップ）に関するものが多いように思います。たとえば，地位や肩書がある人は人格も優れているに違いないという思い込みなどです。こうした思い込みのことを，心理学ではハロー効果とよびます。ある対象を評価するときに，それがもつ顕著な特徴に引きずられて，他の特徴についての評価が歪められる（認知バイアス）現象のことですが，役職ステレオタイプの背景にはこのハロー効果が働いていることが少なくありません。

　一方で，管理職（上司や組織のトップ）には組織において果たすべき特別なミッションが与えられているので，その実行のために「役割を演じる」ということもあるかもしれません。言い換えれば，役職ステレオタイプの積極的な取り入れです。他者視点に立って自分に求められている役割を把握して積極的に演じる（取り入れる）ことを心理学では役割取得とよびます。映画にもなった有名なスタンフォード監獄実験は，普通の人が特殊な肩書や地位を与えられると，その役割に合わせて行動してしまうことを証明しようとした実験でした。近年この実験は裏で演技指導をしていた可能性が見つかり，実験結果の信頼性が揺らいでいますが，「役職が人を作る」という言葉があるように，世間的には地位や肩書や立場が当人の立ちふるまいに影響する可能性があると信じられている節があります。

　役職者の性格が似てくる原因として，役職ステレオタイプの積極的な取り入れ以外の可能性として考えられるのは，前任者の模倣（モデリング）です。観察対象の言動を模倣することを心理学ではモデリングとよびます。特に日本は慣例や前例を大事にする文化なので，役職者が前任の役職者を観察しており，前任者をモデルとして役職者としての自分の言動を作っている可能性は十分ありえます。

　また，役職者が後任を選ぶ際に，自分と似た人物を選ぶ可能性も考えられます。人は自分と似た人物を好ましく評価する傾向（心理学で

は類似性効果とよびます）や，所属集団が同じである「身内」の人を贔屓する傾向（心理学では内集団贔屓性とよびます）をもっているので，結果として似た性格の人が選出される可能性も考えられます。

　いずれにせよ，性格と役職の関連は相関関係であって因果関係ではありません。相関関係とは「連動」の関係で，因果関係とは「原因と結果」の関係です。特定の役職に就いている人たちに性格の共通点があったとしても，どちらが影響を与えたのかまでは証明されていません。「鶏と卵どちらが先か」論争に似ているかもしれません。役職が性格に影響する（地位や肩書が言動や風貌を変化させる）こともあるでしょうし，性格が役職に影響する（言動や風貌が地位や肩書に結びつく）こともあるでしょう。問題は割合や確率だと思います。

2．性格とリーダーシップ論

　世の中にリーダーシップに関する議論は多数あります。リーダーのあり方に関する考察の歴史は古く，ソクラテスや孔子にまでさかのぼることができます。帝王学や君主論という言葉を聞いたことはないでしょうか。これらは人を統べる立場になる人間のあるべき姿を説いたものですが，リーダーに求められている性格や人格についての議論とみなすこともできるかもしれません。

　リーダーシップ理論の変遷（図7-3）をみると，1900〜1940年代の主流な考え方は，リーダーに共通する特性／資質を探ろうとするリーダーシップ特性論でした。しかし，身体的特性，性格的特性，知的特性，行動的特性等について膨大な実証研究を行うもリーダーシップ発現の必然的特性は発見できず，次第にリーダーシップ特性論は廃れていきました。つまり，ある性格をもっていたら必ずリーダーになれる，といった単純な話ではないということです。

　その後1950〜1970年代に台頭してきたのは，第二次世界大戦後の経済成長を促進させるような「生産性を上げるビジネスリーダーのあり方」に関する研究でした。具体的には，リーダーシップ行動論（リーダーのどのような行動がフォロワーの生産性を高められるかを探ろうとする研究），リーダーシップ交流論（リーダーからフォロワーにどのような目標と報酬を与えるのが有効かを探ろうとする研究），リーダーシップ認知論（リーダーとフォロワーが互いに相手をどのよ

うに認知して対応すると生産性が上がるのかを探ろうとする研究）などです。要約すれば，生産性を上げるためにリーダーがとるべき行動にはセオリーやパターンがあり，そのような行動をとりやすい性格の人はリーダーにもなりやすい（リーダーとして成功しやすい）だろう，ということです。

1980年代以降には再びリーダーやフォロワーの資質や行動への関

	主流の考え方	主な研究成果
第Ⅰ期 1900年代 〜 1940年代	リーダーシップ特性論 優秀なリーダーに共通する特性／資質の探求	身体的特性，性格的特性，知的特性，行動的特性等について膨大な実証研究をするもリーダーシップ発現の必然的特性は発見できず
第Ⅱ期 1950年代 〜 1970年代	リーダーシップ行動論 リーダーのどのような行動がフォロワーの生産性を高められるか	例）・ブレイクとムートンのマネジリアルグリット理論 ・三隅二不二によるPM理論 ・フィードラーによる条件適応理論 ・ハーシー／ブランチャードによる状況対応理論
	リーダーシップ交流論 リーダーからフォロワーにどのような目標と報酬を与えるのが有効か	例）・MBOの基礎理論 ・ホランダーによる信頼蓄積論
	リーダーシップ認知論 リーダー／フォロワーがフォロワー／リーダーをどのように認知して対応すると生産性が上がるのか	例）・ロードによるリーダープロトタイプ理論
第Ⅲ期 1980年代 〜	変形型リーダーシップ論 変革を実現するためにフォロワーをリードするために求められるリーダーの資質と行動の探求（リーダーとマネジャーの区別）	例）・ハウスとシャーミアによる精神的報酬理論 ・ベニスとトーマスによる4つの資質と行動理論 ・コッターによるリーダーシップとマネジメントの区別・整理
	リーダーシップ開発論 リーダーを見出し育成するための施策の研究	例）・マッコールによる「一皮むける経験」と「経験から学ぶ能力」の発見
	フォロワーシップ論 リーダーシップの発生をリーダー側からではなくフォロワー側からアプローチした研究	例）・ケリーによるフォロワーの論理的態度とコミットメント重視

▲図 7-3　リーダーシップ理論の変遷（波頭，2008）

心が高まります。具体的には，変革型リーダーシップ論（フォロワーを先導して変革を実現するリーダーの資質と行動を探ろうとする研究），リーダーシップ開発論（リーダーを見出し育成するための施策を探ろうとする研究），フォロワーシップ論（リーダーシップの発生をフォロワー側からアプローチする研究）などです。性格に絡めて結論だけいえば，新しい変革型リーダーに求められるのは対人関係に配慮できる熱血な性格であり，そのようなリーダーは育成できるが，リーダーを引き立てる性格のフォロワーを揃えることも大事，ということです。

さまざまなリーダーシップ論が明らかにしたことは，リーダーの性格というものに唯一・絶対の正解はない，ということです。どんな性格の人でもリーダーになるチャンスがある，という言い方もできるかもしれません。

3. 性格とチームワーク

仕事におけるチームワークの良し悪しは重要です。なぜなら，社会における仕事の大半はチームで行うものだからです。チームワークを「目標達成に向けて複数人が役割分担して協働すること」と端的に定義するならば，その良し悪しは結果と過程という２つの観点から評価できます。すなわち，パフォーマンス（目標達成の程度）とプロセス（役割分担と協働の程度，つまり人間関係）です。チームワークの利点は，互いの弱みを補い合い，互いの強みを活かし合うところにあるので，チームメンバーの性格（強み／弱み）を把握しておくことは，チームのパフォーマンスや人間関係を向上させるために重要なことです。

チームワークの良し悪しを左右するのは，メンバーの性格を考慮したチーム編成です。メンバーの個性，メンバー同士の相性などを把握したうえで適切なチームを編成することができれば，良好な人間関係のもとに最高のパフォーマンスが期待できるでしょう。近年ダイバーシティ（多様性）が注目されていることも無関係ではありません。なぜなら，同じタイプのメンバーばかりでは，チームワークが良くても互いの弱みを補い合うことができないからです。同じタイプのメンバー同士だと阿吽の呼吸で意思決定を円滑に進めることができるメ

リットもありますが，一方で成長が頭打ちになったり扱える対象の幅が広がらなかったりするリスクもあるのです。日本社会全体がサステナブル（持続可能）を実現するためにダイバーシティ（多様性）を重視し始めたことが，結果として個性（個人の性格）を尊重する動きになったことは，喜ばしいことだと思います。今後ますます性格の理解に関する知識が重要になってくることでしょう。

　性格を考慮したチーム編成に役立つツールとしてSP（サブ・パーソナリティ）トランプがあります。サブ・パーソナリティ（SP）とは人間のもつさまざまな面を1つ1つ取り上げ準標準化し独立させたものですが，SPトランプは日本人の多くの人がもっていると思われるSPをトランプ（スペード，クラブ，ハート，ダイヤの4種類のマークにそれぞれ1〜13の数字がある合計52枚のカード）にしたものです。マークと数字には意味があり，マークは「論理的−感覚的」「能動的−受動的」という2軸で作られる4象限それぞれに該当しており，数字は大きい数字（8以上）がポジティブな単語（日本の社会通念上の「強み」に相当）で小さい数字（6以下）がネガティブな単語（日本の社会通念上の「弱み」に相当）となっています（図7-4）。自分あるいはチームメンバーに当てはまるカードを10枚ほど選んでもらうのですが，選んだカードから性格特性，ひいては当人に最適なコミュニケーション方法（性格特性ごとの接し方）までわかるという性格診断ツールです。手軽に楽しみながら自他の性格を把握してチームワー

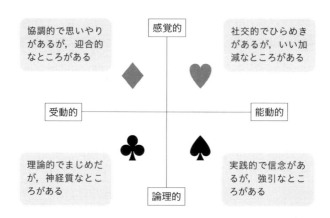

▲図7-4　SPトランプのマークの意味（八尾・角野，2007をもとに作成）

クを改善する効果まであるということで，日本の大学や企業の職員研修でも使われているそうです。

性格の異なる相手とチームを組んだときに大切なことは，相手の性格を考慮して最適なコミュニケーション方法を選択することです。心理学には適性処遇交互作用という概念があります。これは，学習者の適性と処遇が互いに影響を与えて学習成績を規定するという関係性を表す概念で，学習者の適性によって最適な教授方法は異なる，ということを意味しています。つまり，相手の性格によって最適なコミュニケーション方法は異なる，ということです。論理的な相手に対して感情に訴えたり，受動的な相手に自発的な働きを期待したりしても無駄であり，相手に合わせた説得や指示が必要になるのです。役職に就いて複数人のフォロワーの上に立って指示を出さなければならない状況になったときは，この適性処遇交互作用という考え方を思い出すとよいでしょう。

5節　おわりに

人は特定の性格と特定の仕事を結びつけるような考え方を無意識的・経験的にしています。その背後には，その人が暗黙のうちに抱いている性格や仕事に対する理解・イメージ，すなわち性格観や仕事観が潜んでいます。その中にはステレオタイプも含まれていますが，実際に離職・転職につながることもありえますし，実際の就職（採用）活動にも影響しています。気質と性格と人格，類型論と特性論，因果関係と相関関係など，性格や心理学に関する正しい知識をもっていることは，実際の仕事においても役立ちます。基礎的であり応用的な学問を一緒に学んでみませんか。皆さんが心理学という学問の扉を叩いてくれるのを，そして扉の奥へと進んでくれるのを，お待ちしています。

採用するときに重視する性格とは？

「一緒に働くならどんな人がいいですか？」

つい最近，職場で採用を行っていたときに採用担当者から質問を受けました。一緒に働きたい人，と一口に言われても難しい問題です。良好な人間関係を築ける相手であることに加え，協力して業務を進めていけるパートナーとして適切かどうかが問われるからです。

一般に，採用のときに企業が重視する性格として，コミュニケーション能力や主体性があげられます。つまり，良好な人間関係を築きながら，自ら考え積極的に動ける人が好ましいとされます。職場では，立場や年齢が違う人と協力し，チームとしてより良い成果を出すために考え行動する必要があるためです。これらは環境に依らず社会人に求められる性格特性ですが，業務内容や社風，社内のポジションに応じて，重視される性格特性は異なります。

たとえば事務職の場合は，正確に処理できる細やかさや集中力が必要とされます。また，コミュニケーション能力の中でも，いわゆる報連相（報告・連絡・相談）ができればよいので，社交的に広範な人間関係を築く能力はそれほど重要視されません。反対に，新規開拓の営業職の場合には，初対面の相手に物怖じしない度胸や，好感をもたれやすい愛想の良さといった社交性，失敗にめげない根性が求められます。

また，組織に入って仕事をする以上，職場の雰囲気に馴染めるかどうかも，長く勤めてもらうことを考えれば重要な要素になります。たとえば同じ事務職でも，外資系の若い企業と，老舗の日本企業ではそもそも働く人のタイプが異なり，そうした各々の社員のタイプと合う人が望まれます。

さらに，新人として採用するのか，リーダーになってほしいのか，リーダーの片腕として働くのかによっても求められる性格特性は異なります。新人であれば，向上心が高く素直に指導を吸収してくれる人を求めますが，リーダーであれば，決断力があり，後輩を育成・牽引していける人を求めるでしょう。

つまり，採用の場面では多くの重要なポイントがあり，どの性格特性を重視して採用を決めるかが非常に難しい問題となります。理想を言えば，その職種と職場環境，どちらにも適した性格特性を少しずつもっている人が望ましいのですが，現実にはそのようなパーフェクトな人材は滅多にいません。では，どのような優先順位で採用を決めていくのでしょうか。

現職に就く前，筆者は派遣会社でキャリアコーディネーターとして求人と求職者を結びつける仕事をしていました。そのときには，職場の雰囲気

とポジションに合致する性格特性を重視していました。職種に応じた性格特性は，スキル＝能力で補うことが可能だからです。そのため，たとえば同じ事務アシスタントの仕事でも，寡黙な人が多い公的機関での仕事でしたら，多少社交性に欠けても，真面目で人の指示通りに動ける人を探し，成果主義の民間企業でしたら，仕事が早く，自分の意見を必要に応じて主張できるような人を選んでいました。このように，環境が求める役割に応じた性格特性が強い人を紹介していました。もしも逆に，寡黙な人が多い環境に，主張が強く社交的な人が入れば，その人は周りから浮いてしまうでしょうし，反対に成果主義の環境に指示待ちをするおとなしい人が入れば，たちまち気後れしてしまい，個人，職場双方にとって良くない結果となります。

　このように，似たようなスキルをもっていても，環境やポジションに応じて活躍できる性格特性は異なります。もちろん，多少環境と個人の特性がマッチしなくても，個人がスキルを伸ばしたり，特定の特性を強調するようなふるまいを身につけたりすることで，性格と仕事環境の溝を埋めることも可能です。しかし採用の場合には，仕事環境と個人の特性が合っているかどうかを考えることで，個人が就業時に心地よく能力を発揮でき，また組織にとってもプラスになるでしょう。

　仕事環境も，個々人もさまざまな特性をもっています。その特性の相性は仕事を選ぶときの重要な視点です。また，両者の相性をどのようにとらえるのかも重要な視点となります。心理学は，一義的に物事をとらえず，多角的に人や物事の性質を理解する視点をもたらしてくれます。そのため，採用など一見心理学とは直接関係のない場面においても，物事の性質を多角的に見て判断するヒントを多く与えてくれます。

児童心理司という仕事

　これから会うのはどんな子だろう？今日も期待と緊張と不安の入り混じった気持ちでドアを開け，待合にいる子どもと対面します。「ここは児童相談所っていう所らしいけど，何を聞かれるんだろう？何をされるんだろう？」きっと目の前の子どものほうこそ，筆者の何倍も緊張し不安を感じていることでしょう。

　時には雑談なども交えつつ，「ここ（児童相談所）に来ることになった理由」について話を聴きます。理由はさまざまですが，皆，何らかの課題や必要性をもって児童相談所に来ています。たとえば，療育手帳（知的障害のある人が支援を受けたりサービスを利用したりする際に役立つ手帳）の作成や更新のため，家庭や学校での問題行動や非行をどうすればやめられるのかを考えるため，保護者からの虐待を受けており現状の家庭で生活していくのは望ましくないと思われるため…などなど。また，児童養護施設に入所している子どもや，里親の元で暮らしている子どもが発達検査を受けに来たり，あるいはこちらが施設などに出向いて子どもに会ったりすることもあります。

　筆者たちは面接やさまざまな心理検査を通して，その子どもがどんな子か，すなわち状態像を知ろうとします。年齢相応の発達をしているか，知能の高さはどのくらいで，どんなことが得意あるいは苦手か，どんな性格をしているのか，自分や周囲のことをどうとらえていて，他者とどのように関わるのか，精神健康上の問題で困っていることはあるか…といったさまざまな側面から子どもの心理状態をみていきます。また，本人あるいは保護者や関係者から聴きとる成育歴も重要です。生まれてから（あるいは生まれる前，親の代から），どのような環境で育ち，どのような経験をしてきたのか。それらが子どもの現在の状態像にどう影響しており，将来どうなりそうか。ビーズを一粒ずつ紐に通して一本のネックレスを作るように，情報を集めながら過去から現在，未来へと広がる時間軸を通して，子どもの状態像をとらえていきます。

　そうしてとらえた状態像を，子ども本人や保護者，子どもに関わる大人に伝え，その子が今後より良い人生を送っていくために，子ども本人，周囲の大人はどうする必要があるか，自分たちはどんな援助ができるかと考えます。もちろん面接や検査をして終わりではなく，その後の支援や関わりのほうがより重要で，長期にわたって面接や心理教育を行っていくケースもあります。場合によっては自分が実施した面接や検査の結果が，施設への入所といった，子どもの人生を大きく左右するような方針を決める判

断材料の1つにもなります。責任は大きく，それでいて自分が関わったことが，子どもにとって良い結果をもたらしたのかどうかがすぐに目に見えてわかるわけではありません。でもやるしかない。そんな仕事ですが，子どものちょっとした成長や変化が見えることに，やりがいを感じるときもあります。

　児童心理司として働く人の多くは，大学あるいは大学院で臨床心理学や教育心理学を専攻した人です。筆者はその中では少し異色かもしれませんが，文学部および文学部系の大学院に入り，その中にあるパーソナリティ心理学や社会心理学を扱う研究室に所属しました。「特にこの領域を学びたい」というよりは心理学全般に興味があったので，大学では学部や領域に関係なく心理学に関する講義は手当たり次第受け，最終的に一番興味のあるテーマを扱っていた研究室を選びました。

　この職に就いて思うのは，多くの領域にふれたことが，間違いなく子どもの状態像を理解するうえでの解釈の引き出しを増やすことにつながっているということです。もう1つ言うと，役立っているのは心理学の知識そのものだけではありません。学習や研究を通して身につけた，問題点を整理し物事を分析的にとらえる思考や，客観的な事実やデータを示しながらわかりやすく伝えるスキルも，日々現場で活かされています。そして，これらは「役に立ったな，あーよかった！」で終わらせることなく，深めたり広めたりする努力を生涯続けてこそ，意味のあるものだといえるでしょう。

付録 さらに勉強するための推薦図書

『IQを問う―知能指数の問題と展開―』

サトウタツヤ（著）（2006）　ブレーン出版

「頭のよさ」は測れるのかという疑問を解明するために，知能検査がつくられてから現在までの経過を振り返りながら明らかにしようという書です。

『MI：個性を生かす多重知能の理論』

ハワード・ガードナー（著）／松村暢隆（訳）（2001）　新曜社

知能心理学分野で重要な事柄といえる「多重知能理論」を主張したH. ガードナーの書を邦訳したものです。人はそれぞれ異なった能力を持っているという内容です。この考え方は，EI（EQ）という考え方へ展開していきます。

『EQ―こころの知能指数―』

ダニエル・ゴールマン（著）／土屋京子（訳）（1998）　講談社

雑誌『TIME』によって取り上げられ話題になった「EQ」の記事の基になった書といえます。社会で成功するためにはIQでなくEQであるとの主張を展開しています。

『Pythonで体験する深層学習』

浅川伸一（著）（2016）　コロナ社

プログラム言語Python（パイソン）は効率的な学習過程を明らかにできると考えられていますが，それよって行う深層学習はどのようなものかを検証しています。AIに関連した書です。

『パーソナリティと感情の心理学』

島　義弘（編）（2017）　サイエンス社

相互に影響しあってきたパーソナリティ心理学と感情心理学という2つの分野について，理論や歴史，認知や動機づけ，発達，対人関係，適応・健康といったさまざまなテーマについて解説しています。

『グラフィック性格心理学』

戸田まり・サトウタツヤ・伊藤美奈子（著）（2005）　サイエンス社

パーソナリティに関連する広い領域を解説しています。パーソナリティの知見が身近な多くの事柄に関係づけられていることがわかります。

『クロニンジャーのパーソナリティ理論入門
　　　　　―自分を知り，自分をデザインする―』

木島伸彦（著）（2014）　北大路書房

　パーソナリティをより理解するためにクロニンジャーの理論を知ることが役立ちます。この書は，そのクロニンジャーの理論に基づいてパーソナリティを解説しています。

『パーソナリティの理論―状況主義的アプローチ―』

ウォルター・ミッシェル（著）／詫摩武俊（監訳）（1992）　誠信書房

　「一貫性論争」あるいは「人か状況か論争」などといわれている論争が始まるきっかけを理解することができる書です。ミッシェルの「個人の行動は状況によって強く規定される」という主張と背景を知ることができます。

文　献

● はじめに
詫摩武俊・星野　命（編）(1972)．性格は変えられるか―個性カウンセリング入門―　有斐閣選書

● 第1章
安藤寿康（2014）．遺伝と環境の心理学―人間行動遺伝学入門―　培風館
Borling, E.（1923）. Intelligence as the tests test it. *New Republic*, **35**, 35-37.
Carroll, J. B.（1993）. *Human cognitive abilities: A survey of factor-analytic studies*. New York: Cambridge University Press.
Carroll, J. B.（2005）. The three-stratum theory of cognitive abilities. In D. P. Flanagan & P. L. Harrison (Eds.) *Contemporary intellectual assessment: Theories, tests, and issues*. (2nd ed.). New York: Cambridge University Press.
Cattell, R. B.（1943）. The measurement of adult intelligence. *Psychological Bulletin*, **40**, 153-193.
Colonia-Willner, R.（1998）. Practical intelligence at work: Relationship between aging and cognitive efficiency among managers in a bank environment. *Psychology and Aging*, **13**, 45-57.
クーパー，R. K.・サワフ，A.（著）堀田　力（訳）(1997)．ビジネスマンEQ　三笠書房
Dearborn, W. F.（1921）. Intelligence and its measurement: A symposium. *Journal of Educational Psychology*, **12**, 123-147, 195-216, 271-275.
藤永　保（1995）　萃達環境学へのいざない　新曜社
藤田主一・岡村一成・浮谷秀一・外島　裕（2000）．EQ概念に関する基礎的研究（II）　日本性格心理学会第9回大会論文集
福田誠治（2006）．　競争やめたら学力世界一―フィンランド教育の成功―　朝日新聞社
Gardner, H.（1983）. *Frames of mind: The theory of multiple intelligence*. New York: Basic Books.
Gardner, H.（1999）. *Intelligence reframed: Multiple intelligence for the 21st century*. New York: Basic Books.（松村暢隆（訳）(2001)．MI：個性を生かす多重知能の理論　新曜社）
Goleman, D.（1995）. *Emotional intelligence: Why it can matter more than IQ*. New York: Bantam Books.（土屋京子（訳）(1996)．EQ―こころの知能指数―　講談社）
Gottfredson, L. S.（1997）. Mainstream science on intelligence: An editorial with 52 signatories, history, and bibliography. *Intelligence*, **24**, 13-23.
Greenfield, P. M.（1997）. You can't take it with you: Why ability assessments don't cross cultures. *American Psychologist*, **52**, 1115-1124.
Heckman, J. J.（2013）. *Giving kids a fair chance: A strategy that works*. Cambridge, MA: MIT Press.（古草秀子（訳）(2015)．幼児教育の経済学　東洋経済新報社）
Herrnstein, R. J. & Murray, C.（1994）. *The bell curve: Intelligence in class structure in American life*. New York: Free Press.
Horn, J. L.（1968）. Organization of abilities and the development of intelligence. *Psychological Review*, **75**, 242-259.
Horn, J. L.（1970）. Organization of data on life-span development of human abilities. In R. Goulet & P. B. Baltes (Eds.), *Life-span developmental psychology: Research and theory* (pp.423-466). New York: Academic Press.
裵岩奈々（1997）．「こころの知能指数」EQテスト―本当の自分をさがす本―　KKベストセラーズ
市川伸一（2002）．学力低下論争　筑摩書房
Jensen, A. R.（1969）. How much can we boost IQ and scholastic achievement? *Harvard Educational Review*, **39**, 1-123.
子安増生（1992）．知能　東　洋・繁多　進・田島信元（編）発達心理学ハンドブック（pp.603-617）福村出版

Lave, J. & Wenger, E.（1991）. *Situated learning: Legitimate peripheral participation.* New York: Cambridge University Press.（佐伯　胖（訳）（1993）. 状況に埋め込まれた学習―正統的周辺参加―　産業図書）
Lynn, R.（1982）. IQ in Japan and the United States shows a growing disparity. *Nature*, **297**, 222-223.
McGrew, K. S.（2005）. The Cattell-Horn-Carroll theory of cognitive abilities: Past, present, and future. In D. P. Flanagan & P. L. Harrison（Eds.）, *Contemporary intellectual assessment: Theories, tests, and issues*（2nd ed, pp.136-181）. New York: Guilford.
Michel, W.（2014）. *The marshmallow test: Mastering self-control.* New York: Little, Brown & Co.（柴田裕之（訳）（2015）. マシュマロ・テスト―成功する子・しない子―　早川書房）
武藤（松尾）久枝（2014）. 　実践現場における知能検査の意味　稲垣佳世子・高橋惠子（責任編集）児童心理学の進歩 2014 年度版（vol.53, pp.141-166）　金子書房
岡村一成・浮谷秀一・外島　裕・藤田主一（1998）. EQ 概念に関する基礎的研究　日本性格心理学会第 7 回大会論文集
岡村一成・浮谷秀一・外島　裕・藤田主一（2000）. EQ 概念に関する基礎的研究　富士論叢, **45**（2）.
大村政男（1997）. EQ テスト　ズバリ診断！「こころの知能指数」が見えてくる　現代書林
Pea, R. D.（1993）. Practices of distributed intelligence and designs for education. In G. Salomon（Ed.）, *Distributed cognitions*（pp.47-87）. New York: Cambridge University Press.
Piaget, J.（1970）. *L'épistémologie génétique.* Paris: PUF.（滝沢武久（訳）（1972）. 　発生的認識論　白水社）
Salili, F.（1995）. Explaining Chinese students' motivation and achievement: A socio-cultural analysis. In M. L. Maehr, & P. R. Pintrich（Eds.）, *Advances in motivation and achievement*（vol. 9, pp.73-118）. Greenwich, CT: JAI Press.
Salovey, P. & Mayer, J.（1990）. Emotional intelligence. *Imagination, Cognition, and Personality*, **9**, 185-211.
澤田富雄（2005）. EQ を活用した人材育成と組織活性化の進め方―EQ 能力の向上は人材開発・キャリア開発に不可欠（特集 EQ（Emotional Quotient）を活かして「人間力」を高める）企業と人材, **38**（866）, 4-10.
Schneider, W. J. & McGrew, K. S.（2012）. The Cattell-Horn-Carroll model of intelligence. In D. P. Flanagan & P. L. Harrison（Eds.）, *Contemporary intellectual assessment: Theories, tests, and issues*（3rd ed., pp.99-144）. New York: Guilford.
塩崎万里（2010）. 発達の診断と発達検査　繁多　進（監修）　新・乳幼児発達心理学（pp.167-182）福村出版
Snarey, J. R. & Vaillant, G. E.（1985）. How lower- and working-class youth become middle-class adults: The association between ego defense mechanisms and upward social mobility. *Child Development*, **56**, 899-910.
Spearman, C.（1904）. General intelligence objectively determined and measured. *American Journal of Psychology*, **15**, 201-293.
Spearman, C.（1927）. *The abilities of man.* London: MacMillan.
Sternberg, R. J.（1985）. *Beyond IQ.* New York: Cambridge University Press.
Sternberg, R. J.（Ed.）（2000）. *Handbook of intelligence.* New York: Cambridge University Press.
Sternberg, R. J.（Ed.）（2002）. *Why smart people could be so stupid.* New Haven: Yale University Press.
Sternberg, R. J., Nokes, K., Geissler, P. W., Prince, R., Okatcha, F., Bundy, D. A., & Grigorenko, E. L.（2001）. The relationship between academic and practical intelligence: A case study in Kenya. *Intelligence*, **29**, 401-418.
鈴木　忠（2008）. 生涯発達のダイナミクス―知の多様性 生き方の可塑性―　東京大学出版会
竹内謙彰（2004）. 知能検査　稲垣佳世子・湯川隆子（責任編集）　児童心理学の進歩 2004 年版（vol.43, pp.247-270）　金子書房
Terman, L. M.（1921）. Intelligence and its measurement: A symposium. *Journal of Educational Psychology*, **12**, 123-147, 195-216, 271-275.

Thorndike, E. L.（1920）．Intelligence and its use. *Harper's Magazine*, **140**, 227-235.
Thurstone, L. L.（1938）．*Primary mental abilities*. Chicago: University of Chicago Press.
TIME（1995）．What's Your EQ? *TIME*. vol.146.
外島　裕・岡村一成・浮谷秀一・藤田主一（2000）．EQ 概念の因子的研究　日本応用心理学会第 67 回大会論文集
内山喜久夫（1997）．EQ，その潜在力の伸ばし方　講談社
浮谷秀一・岡村一成（2003a）．EQ 測定のための基礎的研究―表情認識を用いた共感力測定―　富士論叢, **48**（2）．
浮谷秀一・岡村一成（2003b）．EQ 測定のための基礎的研究―顔写真をどんな情動と判断するか―　日本応用心理学会第 70 回大会論文集
浮谷秀一・岡村一成（2005）．EQ 測定のための基礎的研究―共感力と表情との関連―　日本パーソナリティ心理学会第 14 回大会
浮谷秀一・岡村一成（2006）．EQ 測定のための基礎的研究―表情認識と共感性との関係―　富士論叢, **51**（1）．
浮谷秀一・大村政男（1998）．Emotional Intelligence（EI/EQ）についての研究　日本性格心理学会第 7 回大会論文集
Wasserman, J. D.（2012）．A history of intelligence assessment: The unfinished tapestry. In D. P. Flanagan & P. L. Harrison（Eds.）, *Contemporary intellectual assessment: Theories, tests, and issues*.（3rd ed., pp.3-55）. New York: Guilford.
Wechsler, D.（1939）．*The measurement of adult intelligence*. Baltimore: Williams & Willkins.
山森光陽（2006）．学習する能力とその形成　鹿毛雅治（編）　教育心理学（pp.39-61）　朝倉書店

● 第 2 章
浅川伸一（2016a）．Python で体験する深層学習　コロナ社
浅川伸一（2016b）．深層学習をめぐる最近の熱狂　基礎心理学研究, **35**, 149-162.
Bostrom, N.（2014）．*Superintelligence: Paths, dangers, strategies*. New York, NY, USA: Oxford University Press.
Goodfellow, I. J., Shlens, J., & Szegedy, C.（2014）．*Explaining and harnessing adversarial examples*. arXiv: 1412.6259
He, K., Zhang, X., Ren, S., & Sun, J.（2015）．*Deep residual learning for image recognition*. arXiv: 1512.033835
Hochreiter, S., & Schmidhuber, J.（1997). Long short-term memory. *Neural Computation*, **9**, 1735-1780.
Krizhevsky, A., Sutskever, I., & Hinton, G. E.（2012）．ImageNet classification with deep convolutional neural networks. In F. Pereira, C. Burges, L. Bottou, & K. Weinberger（Eds.）, *Advances in Neural Information Processing Systems 25*. Montreal: Canada.
Minsky, M., & Papert, S.（1988）．*Perceptrons*（Expanded Edition ed.）. Cambridge, MA: MIT Press.
Mnih, V., Kavukchuoglu, K., Silver, D., Rusu, A. A., Veness, J., Bellemare, M. G., Graves, A., Riedmiller, M., Fidjeland, A. K., Ostrovski, G., Petersen, S., Beattie, C., Sadik, A., Antonoglou, I., King, H., Kumaran, D., Wierstra, D., Legg, S., & Hassbis, D.（2015）．Human-level control through deep reinforcement learning. *Nature*, **518**, 529-533.
Rumelhart, D. E., Hinton, G. E., & Williams, R. J.（1986）．Learning internal representations by error propagation. In D. E. Rumelhart & J. L. McClelland（Eds.）, *Parallel distributed processing: Explorations in the microstructures of cognition*（vol. 1, pp.318-362）．Cambridge, MA: MIT Press.
Silver, D., Huang, A., Arthur Guez, C. J. M. an, Sifre, L., Driessche, G. van den, Schrittwieser, J., Antonoglou, I., Panneershelvam, V., Lanctot, M., Dieleman, S., Grewe, D., Nham, J., Kalchbrenner, N., Sutskever, I., Lillicrap, T., Leach, M., Kavukcuoglu, K., Graepel, T., & Hassabis, D.（2016）．Mastering the game of go with deep neural networks and tree search. *Nature*, **529**, 484-492.
Szegedy, C., Liu, W., Jia, Y., Reed, S., Anguelov, D., Erhan, D., Vanhoucke, V., & Rabinovich, A.（2015）．Going deeper with convolutions. In *Computer Vision and Pattern Recognition（CVPR）*. Boston, MA: USA.

谷口忠大（2014）．イラストで学ぶ人工知能概論　講談社
Turing, A. M.（1936）．*On Computable Numbers, with an Application to the Entscheidungsproblem.* Proceedings of the London Mathematical Society. Volume s2-42（1）, 230-265.
Vapnik, V. N.（1995）．*The nature of statistical learning theory.* New York, NY, USA: Springer-Verlag.

● 第 3 章
江花昭一（2005）．医師が心理士に求めるものは何か―チーム医療の観点より(医師は心理士に何を求めるか)―　心身医学, **45**（9）, 655-661.
厚生労働省（2016）．児童福祉法等の一部を改正する法律の公布について（通知）
厚生労働省（2018a）．平成 29 年度福祉行政報告例の概況
　　https://www.mhlw.go.jp/toukei/saikin/hw/gyousei/17/dl/gaikyo.pdf（2019 年 1 月 30 日閲覧）
厚生労働省（2018b）．平成 29 年度福祉行政報告例　福祉行政報告例に関する統計表　児童福祉　児童相談所における対応件数及び未対応件数，年齢 × 相談の種類別
　　https://www.e-stat.go.jp/stat-search/files?page=1&layout=datalist&toukei=00450046&tstat=000001034573&cycle=8&tclass1=000001121497&tclass2=000001121502&stat_infid=000031768325&second2=1（2019 年 1 月 30 日閲覧）
厚生労働省（2018c）．児童虐待防止対策体制総合強化プラン（案）
文部科学省中央教育審議会（2005）．特別支援教育を推進するための制度の在り方について(答申)
文部科学省（2006）．学校教育法施行規則の一部改正等について（通知）
文部科学省（2007）．特別支援教育の推進について（通知）
文部科学省（2018）．平成 29 年度特別支援教育に関する調査の結果について　通級による指導実施状況調査結果について
　　http://www.mext.go.jp/a_menu/shotou/tokubetu/__icsFiles/afieldfile/2018/05/14/1402845_03.pdf（2019 年 1 月 30 日閲覧）
内閣府（2018）．平成 30 年版高齢社会白書　第 1 章高齢化の状況
日本臨床心理士会（2014）．医療領域における臨床心理士に対するニーズ調査結果報告書
　　http://www.jsccp.jp/suggestion/sug/pdf/iryou_20141202.pdf（2016 年 8 月 20 日閲覧）
日本臨床心理士会（2016）．第 7 回「臨床心理士の動向調査」報告書
作田亮一・小西行郎・杉田克生・小野次朗・田角　勝（2013）．小児神経医療における心理士の在り方　脳と発達, **45**, 231-234.
杉山登志郎（2011）．発達障害のいま　講談社現代新書
チーム医療推進協議会（2009）．厚生労働省：第 8 回チーム医療推進に関する検討会資料
　　http://www.mhlw.go.jp/shingi/2009/12/dl/s1222-7h01.pdf（2016 年 8 月 20 日閲覧）

● 第 4 章
安藤寿康（2000）．心はどのように遺伝するか―双生児が語る新しい遺伝観―　講談社ブルーバックス
Harris, J. R.（1998）．*The nurture assumption: Why children turn out the way they do.* New York: Free Press.（石田理恵（訳）（2000）．子育ての大誤解―子どもの性格を決定するものは何か―　早川書房）
木島伸彦（2000）．パーソナリティと神経伝達物質の関係に関する研究―Cloninger の理論における最近の研究傾向―　慶応義塾大学日吉紀要 自然科学, **28**, 1-11.
Krahé, B.（1992）．*Personality and social psychology: Towards a synthesis.* London: Sage.（堀毛一也（監訳）（1996）．社会的状況とパーソナリティ　北大路書房）
Lykken, D. T., McGue, M., Tellegen, A., & Bouchard, T. J.（1992）．Emergenesis: Genetic Traits That May not Run in Families. *American Psychologist*, **47**（12）, 1565-1577.
Mischel, W.（1968）．*Personality and assessment.* New York: Wiley.（詫摩武俊（監訳）（1992）．パーソナリティの理論―状況主義的アプローチ―　誠信書房）
縄田健悟（2014）．血液型と性格の無関連性―日本と米国の大規模社会調査を用いた実証的論拠―心理学研究, **85**, 148-156.
大村政男（2012）．新編 血液型と性格　福村出版

Ozer, D. J. & Benet-Martínez, V.(2006). Personality and the prediction of onsequential outcomes. *Annual Review of Psychology*, **57**, 401-421.
Plomin, R.(1990). *Nature and Nurture: An introduction to human behavioral genetics*. CA: Brooks/Cole.(安藤寿康・大木秀一(訳)(1994). 遺伝と環境—人間行動遺伝学入門—培風館)
酒井　厚(2013). 養育の影響　二宮克美・浮谷秀一・堀毛一也・安藤寿康・藤田主一・小塩真司・渡邊芳之(編)　パーソナリティ心理学ハンドブック(pp.553-559)　福村出版
サトウタツヤ・渡邊芳之(2011). あなたはなぜ変われないのか—性格は「モード」で変わる—筑摩書房　ちくま文庫
髙橋雄介(2013). 気質とパーソナリティ　二宮克美・浮谷秀一・堀毛一也・安藤寿康・藤田主一・小塩真司・渡邊芳之(編)　パーソナリティ心理学ハンドブック(pp.78-84)　福村出版
Theophrastus(著)　森　進一(訳)(2003). 人さまざま　岩波文庫
渡邊芳之(2005).「遺伝と環境」論争が紡ぎだすもの　佐藤達哉(編)　心理学史の新しいかたち(pp. 50-65)　誠信書房
渡邊芳之(2010). 性格とはなんだったのか—心理学と日常概念—　新曜社
山形伸二(2013). 行動遺伝学的アプローチ　二宮克美・浮谷秀一・堀毛一也・安藤寿康・藤田主一・小塩真司・渡邊芳之(編)　パーソナリティ心理学ハンドブック(pp.71-77)　福村出版

● 第5章
Allport, G. W. & Odbert, H. S.(1936). Trait-names: A psycholexical study. *Psychological Monographs*, **47**, No.211.
青木孝悦(1971). 性格表現用語の心理—辞典的研究—455語の選択，分類および望ましさの評定　心理学研究, **42**, 87-91.
Frances, A. J.(2013). *Saving normal: An insider's revolt against out-of-control psychiatric diagnosis, DSM-5, big pharma, and the medicalization of ordinary life*. New York: William Morrow.(大野　裕(監修)　青木　創(訳)(2013). ＜正常＞を救え—精神医学を混乱させるDSM-5への警告—　講談社)
藤倉一郎(2011). 瀉血の話　近代文藝社
古川竹二(1927). 血液型による気質の研究　心理学研究, **2**, 22-44.
Johnson, K. K. P.(1990). Impressions of personality based on body forms: An application of Hillestad's model of appearance. *Clothing and Textiles Research Journal*, **8**, 34-39.
Jung, C. G.(1976/1921). *Psychological types*. Princeton, NJ: Princeton University Press.
Kern, M. L., & Friedman, H. S.(2008). Do conscientious individuals live longer?: A quantitative review. *Health Psychology*, **27**, 505-512.
Kretschmer, E.(1921). *Körperbau und charakter: Untersuchungen zum konstitutionsproblem und zur lehre von den temperamenten*. Berlin: Springer.(斎藤良象(訳)(1944). 体格と性格　肇書房)
村上宣寛(2002). 基本的な性格表現用語の収集　性格心理学研究, **11**(1), 35-49.
村上宣寛(2003). 日本語におけるビッグ・ファイブとその心理測定的条件　性格心理学研究, **11**(2), 70-85.
縄田健悟(2014). 血液型と性格の無関連性—日本と米国の大規模社会調査を用いた実証的論拠—　心理学研究, **85**, 148-156.
Nettle, D.(2007). *Personality: What makes you the way you are*. Oxford: Oxford University Press.(竹内和世(訳)(2009). パーソナリティを科学する　白揚社)
能見正比古(1971). 血液型でわかる相性　青春出版社
小塩真司(2010). はじめて学ぶパーソナリティ心理学—個性をめぐる冒険—　ミネルヴァ書房
小塩真司(2014). Progress & Application パーソナリティ心理学　サイエンス社
Sheldon, W.(1954). *Atlas of men*. New York: Harper & Brothers.
Spranger, E.(1921). *Lebensformen: Geisteswissenschaftliche psychologie und ethik der persönlichkeit*(2Aufl.). Tübingen: Max Niemeyer Verlag.(伊勢田燿子(訳)(1961). 文化と性格の諸類型　明治図書)

● 第 6 章

青柳　肇（2006）．作業検査法　二宮克美・子安増生（編）　キーワードコレクション パーソナリティ心理学　II パーソナリティ研究法（pp.52-55）　新曜社

文野　洋（2013）．面接法・物語法　二宮克美・浮谷秀一・堀毛一也・安藤寿康・藤田主一・小塩真司・渡邊芳之（編）　パーソナリティ心理学ハンドブック（pp.708-714）　福村出版

伊藤美奈子（2006）．観察法　二宮克美・子安増生（編）　キーワードコレクションパーソナリティ心理学　II パーソナリティ研究法（pp.36-39）　新曜社

岩脇三良（2005）．観察法　大山　正・岩脇三良・宮埜壽夫　心理学研究法―データ収集・分析から論文作成まで―（pp.17-26）　サイエンス社

川島大輔（2012）．パーソナリティと測定―面接法と観察法―　鈴木公啓（編）　パーソナリティ心理学概論―性格理解への扉―（pp.191-201）　ナカニシヤ出版

Marcia, J. E. (1966). Development and validation of ego-identity status. *Journal of Personality and Social Psychology*, **3**, 551-558.

中澤　潤（1997）．人間行動の理解と観察法　中澤　潤・大野木裕明・南　博文（編著）　心理学マニュアル 観察法（pp.1-12）　北大路書房

野口裕之（1999）．テスト　中島義明・子安増生・繁桝算男・箱田裕司・安藤清志・坂野雄二・立花政夫（編）　心理学辞典（pp.611-612）　有斐閣

澤田英三（1995）．生涯発達における面接法　無藤　隆・やまだようこ（編）　講座生涯発達心理学 第 1 巻　生涯発達心理学とは何か―理論と方法―（pp.214-225）　金子書房

下仲順子・中里克治・権藤恭之・高山　緑（1999）．NEO-PI-R NEO-FFI 共通マニュアル（成人・大学生用）　東京心理

戸田弘二（2006）．パーソナリティの測定　海保博之・楠見　孝（監修）　心理学総合事典（pp.357-363）　朝倉書店

山田一成（1999）．質問紙法　中島義明・子安増生・繁桝算男・箱田裕司・安藤清志・坂野雄二・立花政夫（編）　心理学辞典（pp.352-353）　有斐閣

● 第 7 章

波頭　亮（2008）．リーダーシップ構造論　産業能率大学出版部

川本哲也・小塩真司・阿部晋吾・坪田祐基・平島太郎・伊藤大幸・谷　伊織（2015）．ビッグ・ファイブ・パーソナリティ特性の年齢差と性差：大規模横断調査による検討　発達心理学研究, **26**（2）, 107-122.

厚生労働省（2013）．労働経済の分析（平成 25 年版）
　　https://www.mhlw.go.jp/wp/hakusyo/roudou/13/dl/13-1-5_01.pdf（2019 年 2 月 4 日閲覧）

厚生労働省（2017）．新規学卒就職者の学歴別就職後 3 年以内離職率の推移
　　https://www.mhlw.go.jp/file/06-Seisakujouhou-11650000-Shokugyouanteikyokuhakenyukiroudoutaisakubu/0000177659.pdf

久保真人（2007）．バーンアウト（燃え尽き症候群）―ヒューマンサービス職のストレス―　日本労働研究雑誌, **558**, 54-64.

新村　出（編）（2018）．広辞苑（第 7 版）　岩波書店

仁田光彦・渡辺かおり・園田友樹・内藤　淳（2014）．組織風土と性格特性がメンタルヘルス良好度に与える影響　経営行動科学学会第 17 回年次大会発表論文集, 101-106.

労働政策研究・研修機構（2012）．調査シリーズ No.100「職場におけるメンタルヘルス対策に関する調査」
　　https://www.jil.go.jp/institute/research/2012/100.html（2019 年 2 月 4 日閲覧）

労働政策研究・研修機構（2013）．構造変化の中での企業経営と人材のあり方に関する調査

総務省統計局（2018）．労働力調査　平成 29 年（2017 年）平均（速報）結果
　　http://www.stat.go.jp/data/roudou/sokuhou/nen/dt/pdf/ndtindex.pdf（2019 年 2 月 4 日閲覧）

渡辺三枝子（編著）（2018）．新版キャリアの心理学［第 2 版］―キャリア支援への発達的アプローチ―　ナカニシヤ出版

八尾芳樹・角野ナナ子（2007）．人間力を高める！セルフ・エンパワーメント　東京図書出版

人名索引

● A
Allport, G. W.　83, 104
浅川伸一　37

● B
Binet, A.　4, 53, 82
Bostrom, N.　49

● C
Carroll, J. B.　10
Cattell, J. M.　4
Cattell, R. B.　10, 83, 131
Costa, P. T., Jr.　132

● D
Darwin, C.　2

● E
Eysenck, H. J.　131

● G
Galenus　81, 98
Galton, F.　2, 82
Gardner, H.　15
Goleman, D.　16
Goodfellow, I. J.　46
Guilford, J. P.　131, 132

● H
Hathaway, S. R.　131
He, K.　37
Heckman, J. J.　16
Herrnstein, R. J.　12
Hippocrates　81, 98
Holland, J. L.　149
Horn, J. L.　10

● J
Jensen, A. R.　12
Jung, C. G.　101

● K
Kaufman, A. S.　8
Kraepelin, E.　136
Kretschmer, E.　82, 99-101

● L
Lippmann, W.　11
Luria, A. R.　8

● M
Marcia, J. E.　125
Mayer, J.　16
McCrae, R. R.　132
McGrew, K. S.　11
McKinley, J. C.　131
Minsky, M.　34
Mischel, W.　89
Mnih, V.　40
Murray, H. A.　134

● O
Odbert, H. S.　104

● P
Papert, S.　34
Pearson, K.　82
Piaget, J.　3

● R
Rorschach, H.　134
Rosenzweig, S.　135
Rumelhart, D. E.　36

● S
Salovey, P.　16
Sheldon, W. H.　100
Silver, D.　41
Simon, T.　4, 53
Spearman, C. E.　2
Spranger, E.　101
Stern, W.　5
Sternberg, R. J.　14

● T
谷口忠大　30
Terman, L. M.　2, 5, 54
Theophrastus　81
Thorndike, E. L.　9
Thurstone, L. L.　2
Turing, A.　31, 32

● W
Wechsler, D.　3, 55

● Y
Yerkes, R. M.　6

171

事項索引

●あ
IQ（知能指数）　1
アイデンティティの危機　125
アイデンティティ理論　125
アルゴリズム　47
アルファ碁　39
アルファ式（言語）テスト　6

●い
一貫性のパラドックス　92
一貫性論争　89, 90
一般因子（g因子）　9
遺伝子多型　85
遺伝論　84
因果関係　130, 153
インクルーシブ教育　70

●う
WISC-IV　55
WPPSI-III　56
WAIS-III　71
WAIS-IV　56
ウェクスラー式知能検査　6
内田・クレペリン精神検査　136

●え
SCT　134, 135
エンドツーエンド　41

●お
親の養育態度　88
音声認識　29

●か
外向性　101
画像処理　42
画像認識　29, 42
家庭環境　88
環境論　84
観察法　115, 116
感情知能（EI: Emotional Intelligence）　17

●き
機械学習　48
機械的知能　9
記号処理　33
記号処理系　32
気質　79
教育相談員　58
教育相談機関　58
強化学習（RL）　46, 48

●く
空間性知能　13
クオリティ・オブ・ライフ（生活の質）　64

●け
系統的観察法　119
K-ABC　8
ゲームチェンジャー（game changer）　30
結晶性知能　10
ゲノム分析　86
言語性知能　13
検査法　115, 126

●こ
5因子モデル　106
構成論的アプローチ　30
構造化面接　124
行動遺伝学　13, 85
公認心理師　65
交流の観察　117
誤差逆伝播法（バックプロパゲーション）　36
骨相学　2, 82
個別式知能検査　5, 54

●さ
差異心理学　82
作業検査法　135
参加観察法　117

●し
CHC理論　11
Gf-Gc理論　10
自己分析　146
事象見本法　120
自然知能　31
自然的観察法　116
実験的観察法　116
実践的知能　14
質問紙法　127
自動運転　50
児童相談所　60
社会的知能　9
集合調査　131
就職活動（就活）　137, 144
集団式知能検査　5, 6, 54
状況要因　90
職業興味調査　146
職業ステレオタイプ　142
進化論　2
人工知能　29
新卒離職　140
心理辞書的研究　104

●す
ステレオタイプ　142
スリー・レター・コード　151

●せ
性格　75, 78

172

性格心理学　76
性格測定　77
性格特性　103
性格変容　94
生活年齢　5
精神年齢　5

●そ
相関関係　153
双生児法　84
創造的知能　14

●た
多重知能理論　15, 17
畳み込みニューラルネットワーク
　　　（Convolutional Neural Networks:
　　　CNN）　30

●ち
チーム医療　63
チームワーク　155
知能検査　3, 4, 53
知能の鼎立理論　14
抽象的知能　9
チューリングテスト　31, 47
調査的面接法　122

●て
TAT　134
適合理論　149
適性処遇交互作用　157
天職　138
転職　138

●と
投影法　133
特殊因子（s因子）　9
特性論　101
特徴検出器　44
特別支援教育　56
留置法　130

●な
内向性　101

●に
ニューラルネットワーク　33, 38, 41
ニューラルネットワーク系　32

●の
能力重視　144

●は
パーセプトロン（perceptron）　33
パーソナリティ　79
パーソナリティ・アセスメント　80
パーソナリティ心理学　83
発達水準（精神年齢）　5
場面見本法　120
ハロー効果　152
半構造化面接　124

●ひ
P-F スタディ　134, 135
非構造化面接　124
非参加観察法　117
ビッグ・ファイブ（Big Five）　105-107, 140
人柄重視　144
ビネー式知能検査　4, 54

●ふ
分散知能　3
分析的アプローチ　31
分析的知能　14

●へ
ベータ式（非言語）テスト　6

●ほ
ポリジーン　86

●め
メディア・リテラシー　143
面接法　115, 121

●も
モード性格　94, 95

●や
役職ステレオタイプ　152

●ゆ
優生学　2
郵送法　130

●よ
四気質説　98

●ら
ライフイベント　94

●り
リカレントニューラルネットワーク
　　　（RNN）　46
離職　140
リーダーシップ理論　153
流動性知能　10
療育手帳　60
リワークプログラム　71
臨床的面接法　122

●る
類型論　97

●ろ
ロールシャッハテスト　134
六角形モデル　149

●わ
YG 性格検査　132

▍シリーズ監修者

太田信夫　（筑波大学名誉教授・東京福祉大学教授）

▍執筆者一覧　（執筆順）

浮谷秀一	（編者）	はじめに，第1章4節，付録
向田久美子	（放送大学）	第1章1節，2節，3節
浅川伸一	（東京女子大学情報処理センター）	第2章
阿部真美子	（台東区立台東育英小学校）	第3章
渡邊芳之	（帯広畜産大学）	第4章
小塩真司	（早稲田大学）	第5章
中村　真	（江戸川大学）	第6章
家島明彦	（大阪大学）	第7章

▍現場の声　執筆者一覧　（所属等は執筆当時のもの）

現場の声1	藤田正美	（特別支援教室巡回指導教員）
現場の声2	針間健太	（臨床心理士）
現場の声3	田中秀明	（臨床心理士）
現場の声4	長谷川 由加子	（特許事務所）
現場の声5	T. Y.	（児童相談所）

【監修者紹介】

太田信夫（おおた・のぶお）

1971 年　名古屋大学大学院教育学研究科博士課程単位取得満了
現　在　筑波大学名誉教授，東京福祉大学教授，教育学博士（名古屋大学）
【主著】
記憶の心理学と現代社会（編著）　有斐閣　2006 年
記憶の心理学（編著）　ＮＨＫ出版　2008 年
記憶の生涯発達心理学（編著）　北大路書房　2008 年
認知心理学：知のメカニズムの探究（共著）　培風館　2011 年
現代の認知心理学【全 7 巻】（編者代表）　北大路書房　2011 年
Memory and Aging（共編著）Psychology Press　2012 年
Dementia and Memory（共編著）Psychology Press　2014 年

【編者紹介】

浮谷秀一（うきや・しゅういち）

1981 年　明星大学大学院人文学研究科博士課程単位取得満了
現　在　東京富士大学教授
【主著】
応用心理学事典（共著）　丸善出版　2007 年
人間関係の心理学（共同監修）　メイツ出版　2012 年
パーソナリティ心理学ハンドブック（共編・共著）　福村出版　2013 年
心理学事典（共著）　平凡社　2013 年
クローズアップ教育（共編）　福村出版　2015 年
クローズアップメディア（共編・共著）　福村出版　2015 年
日本パーソナリティ心理学会 20 年史（共編）　福村出版　2015 年

シリーズ心理学と仕事 9　知能・性格心理学

2019 年 5 月 10 日　初版第 1 刷印刷	定価はカバーに表示
2019 年 5 月 20 日　初版第 1 刷発行	してあります。

監 修 者　　太田信夫

編　　者　　浮谷秀一

発 行 所　　（株）北大路書房

〒 603-8303　京都市北区紫野十二坊町 12-8
電　話　（075）431-0361（代）
FAX　（075）431-9393
振替　01050-4-2083

©2019

イラスト／田中へこ
印刷・製本／亜細亜印刷（株）

検印省略　落丁・乱丁本はお取り替えいたします。
ISBN978-4-7628-3065-5　Printed in Japan

・ |JCOPY| 〈㈳出版者著作権管理機構 委託出版物〉
本書の無断複写は著作権法上での例外を除き禁じられています。
複写される場合は，そのつど事前に，㈳出版者著作権管理機構
（電話 03-5244-5088, FAX 03-5244-5089, e-mail: info@jcopy.or.jp）
の許諾を得てください。